Das uralte Plädoyer der Triebe

Widmung

In Liebe und Achtung

Meine Ex Ehefrau	Boudour
	Gabriele
	Helga Marie Anne
	Radhia
Meine lieben Kinder	Melanie
	Sonia
	Ahmed
	Sarra
Meine hilfsbereite Schwester	Najet
Meine damaligen Vorgesetzten	Heinz Beyer
	J. Belkhodja
	Ludwig Selzam

Und alle die ich sehr lieb gewonnen hatte.

Med. Kachouri

Das uralte Plädoyer
der Triebe

Paradox und doch normal

Herstellung und Verlag: Books on Demand GmbH, Norderstedt
ISBN 3-8334-1714-5

Inhalt

Einleitung

Im Grunde genommen, sehnen wir uns alle, nach Zärtlichkeit, Geborgenheit, Liebe und nicht zuletzt nach Sicherheit. Doch nüchtern betrachtet, werden wir immer wieder mit dem Gegenteil dessen was wir uns wünschen, konfrontiert.

Es ist eine kaum wegzudenkende Begleiterscheinung, seit Menschengedenken. Immer wieder haben sich Philosophen, Humanisten und Psychologen mit den Fragen beschäftigt, wer? Wann? wie oft? und warum leidet ein Mensch? und versucht diese zu durchleuchten.

Sicher es ist nichts Neues. Denn, die Fragen, so alt sie auch sein mögen, sind die gleichen geblieben. Die Antworten sind so zahlreich wie unterschiedlich in ihre Begründung, und lassen doch einiges zu wünschen übrig.

Es gibt wahrscheinlich kein Leben, das tadellos und leidensfrei ist. Es gibt kein Leben, das nicht von Anfang an, die erblichen Belastungen in sich trägt. Das nicht in der Kindheit schon Ängste und seelische Turbulenzen einstecken müsste. Das nicht, mehr oder minder unter Unrecht, Widerwärtigkeiten oder Enttäuschungen leidet. Und zu all diesen Kümmernissen, kommen noch die Krankheiten, die materiellen Nöte, die Trennungen und die unvermeidlichen Todesfälle hinzu.

Im Leben eines jeden Menschen bleibt immer etwas Schweres bestehen. Es geht einem immer gut bis auf etwas. Man erlebt die Einschränkung im Werdegang und die Einsamkeit des Lebens.

Nikolai Hartmann hat mal gesagt: " Vielleicht ist es nicht zuviel gesagt, dass Leiden, der eigentliche Lehrmeister des Wertbewusstseins ist „.

Konfliktarten und ihre Ursachen

Der zielstrebige Mensch erfährt, während der Realisierungs- und Vollendungsprozesse, daß sich mit jedem Schritt auf seinem Wege, die Spannweite der Erlebnisse weiter streut. Er erfährt auch daß mit der Entfaltung seiner inneren Kräfte und Kompetenzen, alles um ihn aufblüht. Er erfährt aber auch daß er immer ein Teil des Ganzen ist, und trotzdem zum Mittelpunkt vielfältig durchgreifende Energien wird.

Man erlebt in die Weite des geistigen Spektrums, auch das Ungenügen seiner Kräfte, das Versagen, Scheitern und den Wunsch nach Erfolg bei den Auseinandersetzungen. Man weiß, dass die Verstrickung in Konfliktsituationen sowohl beim Aktivsein als auch beim Passivsein unausweichlich gegeben ist.

Im Konflikt ist der glatte Ablauf des Seelischen Lebens unterbrochen, der Mensch ist in Unruhe und Unsicherheit versetzt.

Es ist nicht weiter schlimm, könnte man meinen, denn, damit fertig zu werden ist erlernbar. Grundsätzlich können zwei Wege beschritten werden. Der Konflikt kann erstarren, eine Scheinlösung kann sich zu einer starren Gewohnheit auswachsen, und einen zwanghaften Charakter annehmen. In diesem Falle spricht man von einer neurotischen Reaktion. Darauf komme ich später zurück.

Positiv gesehen, liegt im Konflikt eine Reihe von Chancen, die bisherigen Gewohnheiten und Fixierungen aufzulockern. Aus der Unruhe des bedrängten, können neue

Impulse entstehen, die diesem veranlassen, sich nach neuen Orientierungen umzusehen, und sich neu zu entscheiden.

Schon die vorwissenschaftliche Psychologie verstand als Konflikt, das Zusammentreffen unvereinbarer Bewusstseinsinhalte, auch ambivalente oder divergierende Strebungen genannt.

So berichtet **Aristoteles** 384 – 322 vor Christus, von einem Hungernden, der zwischen zwei attraktiven Speisen nicht wählen konnte und zwischen ihnen wie gelähmt verhungert. Aus diesem Hungernden wurde dann bei **Averroes** geb. 1126 in Cordoba, ✝ 1198 in Marrakesch, ein Kamel, das zwischen zwei gleich attraktiven Dattelhaufen verhungert. Und weil die europäischen Christen mit Datteln und Kamelen damals wenig anfangen konnten, machten sie daraus einen Esel zwischen zwei Heuhaufen. Und weil die Zeitgenossen **Johannes Buridan** etwa 1300 -1358 gar nicht leiden mochten, gaben sie diesem Esel einen Namen: **Esel von Buridan.** Und als solcher geistert er nun bis zum heutigen Tage durch die Psychologie, vor allem der behavioristischen Psychologie.

Die Konfliktpsychologie hat sich mit der Erhellung und Behebung von Konflikten befasst. Die Vielfalt und Variabilität der Konfliktphänomene haben zu den verschiedensten, zumeist theoretischen Klassifikations-Ansätzen geführt.

Als Oberbegriffe sind, der innerpsychische Konflikt und der zwischenmenschliche Konflikt zu erwähnen.

Im Prinzip ist die Unterscheidung zwischen sozialem und psychischem Konflikt allgemein akzeptiert. Aber um eine sinnvolle Theorie der Konflikte entwerfen zu können, hat die Psychologie noch einige Differenzierungen notwendig gemacht.

Zunächst sind intrapersonale, interpersonale und soziale Konflikte zu unterscheiden.

Ein intrapersonaler Konflikt wäre dann gegeben:

Wenn die Triebstruktur etwas fordert, was das Gewissen verbietet z. B. Eine verbotene sexuelle Handlung.

Wenn das Gewissen eine Handlung fordert und zugleich verbietet, z. B. Du musst hilfsbereit sein und du darfst nie lügen, wenn manchmal Hilfsbereitschaft Lügen erfordert.

Solche intrapersonalen Konflikte sind typisch für psychische Konflikte. Sie sind in der Regel durchaus sozial vermittelt, insofern die hemmende Instanz als konventionelles Gewissen, das unter der Gestalt von „ das tut man „ und „ das tut man nicht „ uns allen bekannt und nahezu allgegenwärtig ist.

Es kann die eine Bedürfnisbefriedigung anziehende Intention hemmen, aber auch sehr viel primitiver gehemmt werden: Z. B. Man hat Hunger und Durst zugleich, kann aber nur eins von beiden beheben. So kann ihn der Durst hindern seinen Hunger zu stillen.

Unsinn, konnte der eine oder andere sagen. Umso besser, denn so weiß man zumindest, von diesem primitiven Konflikt, bleibt man verschont.

Es gibt Konflikte, die durch Außenweltsituationen in einer Person ausgelöst werden. Diese werden Situationskonflikte genannt:

Ein Fußgänger wird überfahren, ein Auto überschlägt sich, oder ein älterer Mitbürger bricht zusammen. Man kommt vorbei und möchte gerne helfen, weiß aber nicht wie.

Jemand wird getadelt und ist gekränkt.

Solchen Konflikten ist gemeinsam, dass sie zwar psychisch sind, aber eher fremdausgelöst. Sie sind nicht selten von

Gefühlen der Ohnmacht oder Hilflosigkeit begleitet. Eine unbeherrschbare Situation hemmt oder lähmt den Handlungswillen.

Im Zwischenfeld, zwischen psychischen und sozialen Konflikten, siedeln die interpersonalen Konflikte, die sich zwischen Personen abspielen.

Im interpersonalen Konflikt ist der Konfliktpartner prinzipiell beeinflussbar, und repräsentiert keine unbeherrschbare Situation. Ein solcher Konflikt liegt vor im ganz gewöhnlichen Streit zwischen zwei Personen. Beide Partner sind psychisch affiziert.

Soziale Konflikte sind nun Konflikte in denen psychische Symptome oder auch psychische Konfliktkomponenten allenfalls zufällig. Insofern, werden soziale Konflikte zwischen Menschen ausgetragen, deren psychische Situation, die Art und der Umfang, wie sie den sozialen Konflikt internalisieren, als psychischen annehmen, erfahren oder auflösen, von ganz erheblicher Bedeutung. Ähnlich wie bei psychischen Konflikten, unterscheidet man zwischen intra- und intersozialen Konflikte.

Ein intrasozialer Konflikt ist dann gegeben, wenn eine Gruppe oder ein Teil einer Gesellschaft, den Konfliktgrund bereitstellt, so dass ein Konflikt innerhalb der Gruppe oder Gesellschaft ausgetragen wird. Eine weitere Unterscheidung von Konflikttypen scheint mir mit der Differenzierung zwischen konstruktiven und destruktiven Konflikt von großer Wichtigkeit zu sein. Ein Konflikt wäre dann konstruktiv, wenn dadurch ein Übelstand beseitigt oder zumindest gemindert wird. Z. B.: Ein über längere Zeit unbefriedigender Kommunikationsablauf in einer Ehe, führt zu einem offenen Konflikt. Dieser kann durch kommunikative Interaktionen beigelegt werden, so dass befriedigendes Zusammenleben möglich wird. Destruktiv dagegen, sind Konflikte dann, wenn die mangelnde Anpassung einer Person zu Konflikten führt, und diese verdrängt werden, also unbewusst gemacht, und somit nicht mehr erfolgreich aufgelöst werden können. Ich benutze dem Beispiel des konstruktiven Konflikts, jedoch im entgegen gesetzten Sinne. Ein unbefriedigender Kommunikationsablauf der zum Konflikt führt, entartet in einem Streit, an dessen Ende ein Abbruch der Kommunikation steht.

Die meisten Konflikte gründen in Bereichen, die nicht selten gar bewusstseinsunfähig sind. Das gilt für psychische wie soziale Konflikte. Konflikte zwischen bewussten und unbewussten Ansprüchen sind keineswegs selten. Ihre Symptome können Hyperaktivität oder Passivität, Ängste, Depressionen und vegetative Störungen sein.

Solche Konflikte, die ausschließlich in ihren Symptomen erfassbar sind, ohne dass der Betroffene die tatsächlichen Konfliktgründe kennen würde, werden „unbewusst" genannt. Diese können im Nachhinein rational begründet werden. Auch soziale Konflikte können unbewusst sein, wenn der Konfliktgrund etwa im kollektiven Selbstverständlichkeit begründet ist, die der eine Partner nicht bezweifeln kann, der andere Partner aber nicht akzeptiert. Es kann zu erheblichen unbewussten Konflikten kommen, deren Symptome zwar deutlich werden, die aber in ihren Gründen unbekannt bleiben. Das macht sie gefährlich, da Lösungsversuche zumeist nur im Symptombereich geschehen. Bei misslungenen Konfliktstrategien, weil der Konfliktgrund unbekannt war, ist mit Neurosen und Psychosen zu rechnen. Bei bewussten Konflikten tritt eine affektive

Beunruhigung ein. Mit ihr geht ein gestörtes Verhältnis zur Zukunft Hand in Hand. Die affektive Beunruhigung wird meist durch Gefühle der Unsicherheit, der Angst oder der Minderwertigkeit erfahrbar. Das Verhältnis ist zur Zukunft gestört, weil bestimmte zukünftige Inhalte realitätswidrig gewertet und unangemessen emotional besetzt werden. In den bewussten Konflikten kommt es zu einem kognitiven Orientierungsverlust. Interessen werden verlegt, Erwartungen werden durch die mit dem Konflikt zusammenhängenden geprägt. Bewusste Konflikte lassen sich dann erkennen, wenn ein Entscheidungs- und Lösungsdrang entsteht, und die Person sich genötigt fühlt, sich zu entscheiden, um die Konfliktsituation aufzulösen. Zum einen geht dieser Druck aus innerpsychischen Triebe, die eine schnelle Beendigung der, mit dem Konflikt verbundene Leidensdränge, zum anderen kann dieser Druck auch von außen kommen, insofern längeres warten, den Konflikt verschärft oder gar unlösbar zu machen droht.

Halt durch Glaube und Selbstvertrauen

Nun, wie sich der Konflikt auch immer nennen mag, ganz alleine schaffen es doch die wenigsten. Hierzu fällt mir ein Zitat **Martin Bubers** ein: „ um eine Haltung zu haben muss man einen Halt haben „. Es lässt sich aus dem Zusammenhang des Zitats, nicht mit endgültiger Entschiedenheit feststellen, ob der Autor an den körperlichen, seelischen, inneren oder äußeren Halt, gedacht hat. Ohne aus diesem Zitat eine philosophische Definition gewinnen zu wollen, sind doch interessante Einzelheiten zu entnehmen, wenn man mit der Philosophie Bubers, ein wenig vertraut ist. Es zeigt auf jeden Fall, die deutliche Absicht der Umgangssprache wieder. Haltung kann, inneres seelisches Verhalten, aber auch äußere Einstellung in Beruf, Wirtschaft, Politik oder Religion usw. sein.

Tiefer als die alltägliche Erfahrung reicht diese Aussage doch deshalb, weil sie eine äußere Einstellung, als Auswirkung des inneren, seelischen Verhaltens annehmen lässt, und nicht das Äußere als primär auffasst, eben das seelische, das worauf man schließt. Um eine dauernde gefühlsmäßige Bereitschaft, die in einzelnen Zügen des Verhaltens zum Ausdruck kommt zu haben, muss man über eine Widerstandsfähigkeit verfügen, die jeden Situationsdruck entgegengesetzt werden kann.

Also, je schwächer der innere Halt noch ist, umso mehr ist ein Mensch angewiesen auf eine Ergänzung durch äußeren Halt. Der äußere Halt besteht in dem, was die Umgebung eines Menschen ihm von ihrem eigenen inneren Halt zugute kommen lässt. Die meisten Menschen verfügen über eine Lebenstechnik, und haben eine besondere Art, sich ihrer Fähigkeiten zu bedienen, in einem eigenen Maß haben sie ihre Antriebe gewöhnt oder sie ins Kraut schießen lassen gelernt. Hier muss noch gesagt werden, dass der innere Halt selten von Außenunterstützung ganz unabhängig ist. Die psychologische Betrachtungsweise sieht die Schwäche in einem Mangel an Angepasstheit und Orientierung.

Für den Psychologen ist es ein sozial nicht gebilligtes, unzweckmäßiges, realitätsfremdes Verhalten. In diesem Falle tut ein äußerer Halt Not, um die Haltung des desorientierten zu konstituieren. Ein Paar Beispiele um das Zitat Bubers, etwas nähe zu verdeutlichen.

Beim Tod eines Vaters oder Gatten, spricht man von festem Halt, den der überlebende nunmehr verloren habe. Gelegentlich hört man: " Mein Vater war mir Stütze und Halt, an ihm konnte ich mich halten". Meist intendiert die Verwendung des Ausdrucks Halt, einen Mitmenschen - hier handelt es sich um einen äußeren Halt-. Ein verwöhntes Kind ist haltlos, weil jeder äußeren Veränderung der Lebensumstände ausgeliefert - hier wiederum ist der innere Halt gemeint -. Brauch, Sitte und Gesetze geben demjenigen Halt, der sie erkennt und befolgt. Da aber Brauch, Sitte und Gesetze von Zeit zu Zeit und von Volk zu Volk variieren, kann aus dieser Tatsache eine Verwirrung der Gefühle und des Denkens entstehen. Der beste Halt wird nicht geboten durch von außen her auferlegte Gebote und Verbote, sondern durch ein inneres Gesetz. Alle Halter die außerhalb des Individuums liegen, können keinen absolut festen Halt bieten. Schon deshalb nicht, weil sie wandelbar sind und zudem, weil nach dem wegfallen der Stützen, überhaupt kein Halt mehr vorhanden ist. Glaube und Selbstvertrauen können einen absoluten Halt in jeder Lebenslage gewährleisten.

Dazu ein beinahe alltägliches Beispiel:

Frau Maya ist eine junge gut aussehende Dame. Sie ist verheiratet, hat ein zweijähriges gesundes Kind. Ihr Mann ist Angestellter, hat ein gutes Einkommen, ist sehr aufmerksam. Seine Familie ist sein Ein und Alles.

Herr Maya ist aber um seine Frau sehr besorgt. Sie weiß oft nichts mit sich anzufangen, sie liegt auf dem Sofa und sieht fern, sie klagt ständig über Schmerzen. Mal im Rücken, mal im Unterleib und mal weiß sie selber nicht, wo es nun wirklich weh tut. Weder der Hausarzt noch der Internist haben dergleichen bestätigen lassen. Frau Maya hat auch keine Geduld für ihre kleine Tochter. Herr Maya hat den Kontakt zu seinem Bekanntenkreis einschränken müssen. Denn seine Frau fand bei keinem Anschluss. Man kann sagen, sie fürchtete sich vor jeden, und misstraute auch jeden.

Die Verhaltensmerkmale der Frau Maya geben das Bild einer Neurose wieder. Man wäre sicherlich schlecht beraten, wenn man jetzt schon nach Maßnahmen sucht, die, die Störungen beseitigen könnten. Deswegen ist es ratsam, sich nach der Kindheit von Frau Maya zu erkundigen. Eine Retrospektive bringt folgendes zu Tage. Als sie vier Jahre alt war starb ihre Mutter. Der Vater Seemann vom Beruf, kam selten nach Hause und wenn er daheim war, war er eben betrunken.

Eine sehr wohlhabende Familie Segen aus der Großstadt, hat von der Tragik dieser von Unglück heimgesuchte Familie erfahren. Das vierjährige Mädchen wurde abgeholt und sollte adoptiert werden und die gleichen Rechte genießen können wie die leiblichen Kinder. Es sollte aber anders kommen.

Familie Segen hat viele Kinder, darunter ein Mädchen namens Fortuna, die ein Paar Wochen jünger war als die spätere Frau Maya. Das zum Schein adoptierte Mädchen, hatte nächtliche Unruhezustände mit Aufschreien, Haare ausreißen, Einnässen und Einkoten. Das Mädchen Fortuna wurde mit sechs Jahren eingeschult. Das hergeholte Mädchen blieb Zuhause - unfreiwillig - sie hatte den ganzen Tag bis in die Nacht hinein arbeiten müssen. Kacheln und Fliesen putzen, einkaufen, Gemüse schälen, und vor allem jeden bedienen, auch die gleichaltrige. Sie bekam Schläge, wurde insultiert, manchmal schlug sie zurück, denn sie konnte nicht begreifen, warum alle anderen Kinder die Schule besuchen dürfen, Sonntags zum Kino und sie waren besser angezogen. Sie aber durfte nur arbeiten, dabei sagte sie voller Stolz Mama und Papa zu den so genannten Adoptiveltern. Als diese noch Enkelkinder bekamen, musste sie die Kleinen sauber halten und füttern. Während die ganze Sippe irgendwo zu Besuch war, hatte sie auf die Kleinen aufzupassen. Auf ihre Rettung, hat das arme Mädchen bis zum zwanzigsten Lebensjahr warten müssen. Herr Maya hat lange um sie kämpfen müssen, denn Familie Segen wollte auf so ein wehrloses Dienstmädchen nicht verzichten.

Anzeichen der Neurose

Um das auffallende Verhalten neurotischer Erwachsene zu verstehen, ist es wichtig zu wissen, dass sich darin wie auch in ihrem Denken, unwillkürliche Fortsetzungen infantiler Verhaltens- und Erlebnisweisen nachweisen lassen. Und zwar gehören diese, überwiegend derjenigen kindlichen Entwicklungsstufe an, in welcher der Erwachsene als Kind im besonderen Maße durch hemmende Einflüsse, seitens seiner frühkindlichen Umgebung behindert worden ist. Die zu der betreffenden kindlichen Entwicklungsstufe gehörenden seelischen Kräfte, sind durch die hemmenden Einflüsse aus der Außenwelt blockiert worden. Dieser neurotische Fixierung genannter Vorgang hat zur Folge, dass die folgenden Entwicklungsstufen nur unvollkommen oder gar nicht erreicht werden. Das Erleben des Betreffenden in seinem ganzen weiteren Leben, ist in hohem Maße, von den Besonderheiten derjenigen Entwicklungsstufe gekennzeichnet. So ist der Nährboden für eine neurotische Fixierung freigelegt. Das, für eine bestimmte frühkindliche Entwicklungsphase kennzeichnende Verhalten, wird so lange fortgesetzt und wiederholt, bis es dem Erwachsenen als Hintergrund seines Erlebens und Handelns bewusst wird. Dadurch ist eine nachträgliche Weiterentwicklung und Nachreifung wohl möglich. Trotzdem würde ich im Fall von Frau Maya, keine aufdeckenden psychotherapeutische Verfahren vorschlagen, die eine Freisetzung unbewusst gestauter Konflikte, zum Ziel hat. Ich würde vielmehr eine Therapie vorziehen, die sich eine Unterstützung und

Stärkung zurückgebliebener Persönlichkeitskräfte des Patienten zum Ziel setzt. Und da nimmt die Klientenzentrierte Psychotherapie eine Sonderstellung ein. In dem sie einerseits völlig darauf verzichtet, aus den verbalen Äußerungen des Patienten und seinem Verhalten irgendwelche Schlüsse zu ziehen. Und deshalb jegliche Form von Deutungen oder Interpretationen zu geben. In dem sie aber außerdem unterlässt, dem Patienten irgendeine Sinnerfüllung seines Lebens, Nahezulegen oder entdecken zu lassen. Der Patient macht in der Therapie die Erfahrung, dass er vom Therapeuten akzeptiert wird. Er erlebt, dass dieser nicht anders als er selbst über ihn urteilt. Die in der Therapie zustande kommenden Einsichten werden nicht durch Deutungen seitens des Therapeuten hervorgerufen, sondern durch eigene Bewusstwerdungsvorgänge und Urteilsbildungen. Der Therapeut beansprucht für sich, dass er nur mit wissenschaftlich belegbaren Fakten umgeht. Er beachtet deshalb nur die dem Patienten selbst bewussten psychologischen und sozialen Beeinträchtigungen, also seine ihm bewusste Befürchtungen, Ängste, Unsicherheiten und Hemmungen im mitmenschlichen und sozialen Kontakt. Die vom Patienten mitgeteilten, ihm selbst bewussten psychischen Behinderungen, bemüht sich der Therapeut mit Hilfe von Tests zu objektivieren. Ebenso werden die therapeutischen Schritte selbst, mit Hilfe von Tonbandprotokollen einer ständigen nachträglichen psychologischen Analyse durch den Therapeuten und anderen Fachkollegen unterzogen. Desgleichen werden die durch die Theorie bewirkten Veränderungen, mittels abschließenden erneuten psychologischen Tests, zu objektivieren versucht. Als wissenschaftlich belegter Behandlungserfolg wird demzufolge gewertet, wenn sich die zu Beginn der

Behandlung getesteten Werte, starker Neurotismus und geringer Selbstachtung nach Abschluss der Behandlung in einer Verminderung der Neurotismus und einer Zunahme der Selbstachtung umgewandelt haben.

Testphilosophie

An dieser Stelle wäre es angebracht, näheres über Tests zu erfahren, und ein kleines Licht in diesem Djungel zu bringen. Natürlich genügt es bisweilen nicht, durch Eindrücke allein, die Persönlichkeit und Leistungsfähigkeit eines Menschen zu urteilen. Aus diesem Grunde, ist die Psychodiagnostik und Psychotechnik entwickelt worden.

Die Psychodiagnostik besteht in der Anwendung von Verfahren zum Erkennen und Beurteilen einer Persönlichkeit hinsichtlich ihrer Anlagen, Fähigkeiten und Verhaltensweisen. Was dem Bewerber und seine Chancen anbelangt, muss ich deutlich klarieren, dass die Test-Situation in ihrer Grundkonzeption eine pseudosoziale Situation ist, obwohl angeblich Partner in ihr agieren. Die Interaktionen sind weder sozialer noch persönlicher, vielmehr rein verfahrenstechnischer Natur. Man überlege sich, wie eine derartige unpersönliche Situation auf die Testperson, die ohnehin nur gezwungenermaßen da ist, oder dessen Problematik gerade in Kontaktschwierigkeiten besteht, wirken muss. Die bewusste Ausnutzung psychologischer Erkenntnisse zur Beeinflussung von Menschen im Dienste andere Interessenten, wird Psychotechnik genannt. Hierher gehören die Demagogie, die Konversion und ein Teil der Betriebspsychologie, sowie die psychologischen Techniken der Werbung.

Immer handelt es sich darum, den Einzelnen irgendwie in eine Gemeinschaft zu binden. Er soll sich mit einer Idee oder Sache identifizieren. Die moderne Psychotechnik nutzt vor allem tiefenpsychologische Erkenntnisse aus. Sie will unbewusste Regungen ansprechen, und zwar so, dass sie den Zielpersonen auch unbewusst bleiben, und die bewusste Kritik nicht wach wird. Aber, die Psychotechnik behandelt auch vorwiegend die Probleme des praktischen Lebens.

Vor einer Testführung, muss man für eine gelockerte Atmosphäre sorgen, mit dem Ziel, die Testperson in eine optimale Kondition zu bringen, und zu einer optimalen Mitarbeit anzuhalten. Die getestete Person soll auf bestimmte Fragen, freimütig und aufrichtig antworten. Dies wird nicht mehr gewährleistet sein, wenn der Test vorher eingeübt wird. Da die Gefahr besteht, von dem Test zu profitieren und bei der zweiten Beantwortung abweichend, womöglich besser als bei der ersten abschneiden. Das würde die exakte und objektive Messung empfindlich stören. Und weil Tests aufgrund ihrer Unbekanntheit und Überraschungseffekt funktionsfähig sind, ist es abzulehnen, dies vor der Durchführung einzuüben. Die Aufgabenstellung muss genügend Kriterien ansprechen, um die Fehlervarianz des späteren Urteils so klein wie möglich zu halten. Die Auswertung und Interpretierung müssen objektiv und zuverlässig sein. Aus den einzelnen Daten und Sinnzusammenhänge, Bedeutungen erkunden, sie als Ausdruck des Ganzen verständlich machen und den Symptomen zugrunde liegende seelische erhellen. Das Protokoll soll möglichst auch die mimischen Äußerungen, ihre willkürliche und unwillkürliche Innervationen berücksichtigen. Ziel der Psychodiagnostik, ist eine Diagnose zu erstellen die in einem psychologischen Gutachten, zusammengefasst werden kann.

Es bieten sich folgende Methoden: Das Interview, das graphologische Gutachten, die psychologischen Tests, die Beobachtungsmethode, etc.

Mit dem **Interview** ist eine gezielte Befragung, um die Lebensverhältnisse und Meinungen des Befragten, zu ermitteln, gemeint. In einem Interview können aber, feinere persönliche Kriterien nicht erfasst werden.

Die **Graphologie** versucht anhand der sichtbaren Merkmale des Schriftbildes, wie Größe und Abstände der Buchstaben, Raumaufteilung und Schreibdruck usw. eine Bedeutung zu ermitteln, die als Projektion der jeweiligen Person zugesprochen werden kann. Die Graphologie kann als Ergänzungstest durchaus nützlich sein.

Unter den psychologischen Tests, sind folgende nennenswert:

Der Rorschachtest: Bestehend aus zehn standardisierten Tafeln mit Klecksbildern, fünf in schwarzweiß und fünf mehrfarbig. Die Testperson kann sich die Kleckse ansehen und sagen was diese darstellen könnten. Mit Hilfe der Rorschachtest, lassen sich vermutlich Aussagen über das Intelligenzniveau, die Phantasie, über mögliche Reaktionen auf emotionale Belastungen und über die emotionale Grundhaltung machen.

Der Szondi-Test: Ein sehr umstrittenes Verfahren, von deren Nutzen ich nicht überzeugt bin. Dies hindert mich keineswegs es als psychologischer Test kurz darauf einzugehen.

Aus achtundvierzig Fotos die keinesfalls Freundlichkeit ausdrücken, und den Bestand des Szondi-Test ausmachen, werden dem jeweiligen Probanden die Fotos in sechs Serien, zu acht Fotos vorgelegt, aus denen er die beiden ihm sympathischsten und die zwei unsympathischsten auswählen darf. Leopold Szondi, der Erfinder des Tests glaubte, dass mit der Auswahl der Fotos, Projektionen des Probanden stattfinden, die auf die Erfassung des Charakters gerichtet sind. Und genau hier möchte ich ein großes Fragezeichen hinsetzen.

Der Medaillon-Test: Hier handelt es sich um die Vervollständigung einer Zeichnung. Die bereits vorgezeichnete Hälfte eines Medaillons wird ergänzt und verziert. Aus diesem Test lassen sich Phantasie und ästhetisches Gefühl und manchmal ein Gefühl für Humor erkennen.

Der Wiggly-Block: Es ist ein" Puzzle „ von geometrischer Vielheit, mit Flächen, Kanten, und Radien. Es ist aus Holz und besteht aus neun Stücke. Der Proband darf sich das Puzzle als Ganzes ansehen, dann wird es vom Psychologen durcheinander geworfen und gemischt. Das Zusammensetzen der einzelnen Teile zu einem Ganzen, das die ursprüngliche Form wiedergibt, wäre dann die Aufgabe des Probanden. Der erfahrene Psychologe achtet darauf, mit welcher Konzentration und Beherrschung sowie Schnelligkeit die Aufgabe gelöst wird.

Der thematische Apperzeptions-Test: Hierbei handelt es sich um zwanzig Bildern mit dramatischen Szenen, die dem Probanden vorgelegt werden. Die Aufgabe besteht darin, zu jedem Bild eine Interpretation vorzutragen. **H. H. Morgan** und **H. A. Murray**, die diesen Test entwickelten, versprachen sich aus der Identifikation des Probanden mit dem dargestellten Geschehen, persönliche Konflikte aufzuspüren.

Die Beobachtungsmethode: Ist eine der wenigen Untersuchungen zu der man nicht extra aufgefordert wird. Damit möchte ich sagen, dass eine Beobachtung nur dann wertvoll ist, wenn die beobachtete Person nicht bewusst ist, dass sie beobachtet wird.

Nun, nach diesem Einschnitt in der Testphilosophie, die sich unter anderem mit Verhalten beschäftigt, kehren wir zur Verhaltenstheorien zurück.

Verhaltenstherapien

Es ist oft über die Verhaltenstherapie diskutiert worden, als handelte sich um eine Doktrin, die streng im Sinne einer speziellen Richtung von Konzepten und Techniken definiert wird. Zutreffender wäre es vielmehr, die Verhaltenstherapie als das Produkt eines Zusammenflusses klinischer Arbeit darzustellen. Sie richtet sich nach der experimentellen Methode, bei der Untersuchung menschlichen Verhaltens. Diese Orientierung basiert auf der Grundannahme, dass, das im klinischen Sektor beobachtete problematische Verhalten, am besten unter dem Aspekt des aus der großen Variationsbreite psychologischen Experimentierens abgeleiteten Prinzipien zu verstehen ist. So, dass diese Prinzipien ihrerseits, Implikationen für Verhaltensänderungen im klinischen Bereich haben. Die Verhaltenstherapie kann in ihrer historischen Entwicklung als ein Zusammenfluss verschiedener relativ selbständiger Störungen angesehen werden. Es ist anzumerken, dass die Verhaltenstherapie eine generelle Verantwortlichkeit gegenüber Daten anerkennt, und dass sie stets bereit ist, eine Position zu ändern oder aufzugeben, wenn dies im Sinne der zensierten Forschung notwendig erscheint. Diese Bereitwilligkeit zur Selbstüberprüfung und Änderung ist nicht nur Beleg dafür, dass die Verhaltenstherapie, die breitest mögliche Ausgangsbasis der wissenschaftlichen Psychotherapien einnimmt. Sondern, dass sie ein offenes System darstellt, welches, klinische Innovation in einem sehr breiten und variierten Rahmen ermöglicht.

Die Verhaltenstherapie verleiht dem Konflikt, die theoretische Grundlage des Lernprinzips, kaum eine nennenswerte Gewichtung. Auch der internalisierte Konflikt bleibt unberücksichtigt, ebenso jedes andere Konzept, das einen Aufflug von Theorien hat. Im wesentlichen werden Neurosen als übermäßig konditionierte Reaktionen und neurotische Symptome einfach als gelernte Gewohnheiten betrachtet, es gibt keine Neurose, die einem Symptom zugrunde liegt, sondern nur, das Symptom selbst.

Daher ist das Symptom das einzige Angriffsziel der Verhaltenstherapie. Sie will durch die Anwendung von im Laboratorium geprüften Gegenmaßnahmen, die neurotischen Symptome unmittelbar beseitigen. Sie hält sich für einen Feuerwehrmann, der den Brand schlicht und ergreifend, mit Wasser löscht. Während andere Therapien Feuerwehrleute seien, die herumstehen und darüber nachdenken und beratschlagen, wie das Feuer ausbrach und was für eine Art Feuer es sein könnte, ehe sie zur Tat schreiten, und das Feuer ein Ende bereiten.

Ein so pragmatischer Standpunkt mag auf den ersten Blick verlockend sein, aber der traditionelle Therapeut könnte darauf erwidern, dass verhängnisvolle Folgen eintreten mögen, wenn der Schlauch eingesetzt wird, ehe man weiß, ob es sich um ein Holz, Chemie oder Ölbrand handelt. Die Verhaltenstherapie glaubt, dass neurotisches Verhalten und seine Symptome nicht die Folge eines dynamischen Konflikts sind, sondern nur eine Sache der Gewohnheit. Wenn ein Individuum zum Beispiel in jungen Jahren lernt, sich zwanghaft zu verhalten, wird es sein lebenslang aus Gewohnheit, Zwanghaftigkeit zum Ausdruck bringen. Die Zwanghaftigkeit verstärkt sich nicht aufgrund eines inneren Konflikts, sondern weil sie durch Konsequenzen des Handelns immer wieder verstärkt wird. Die Verstärkung selbst wird zur Gewohnheit. Die Persönlichkeit des Individuums gerät dadurch immer mehr in den Griff der Zwanghaftigkeit. Die einzige Möglichkeit, ein derartiges Verhalten zu ändern, besteht darin, die gewohnheitsmäßige Zwanghaftigkeit und ihre entsprechende Verstärkung zu durchbrechen. Da in erster Linie die Verstärkung, das Zwangsverhalten zur Gewohnheit machte, muss also bei dem Verstärkungsprozess eingesetzt werden.

Das bedeutet, statt zwanghaftes Verhalten mit weitere positiver Verstärkung zu belohnen, wird negativer Verstärkung bestraft, solange, bis die Gewohnheit desensitiviert und gelöscht ist, und sich durch eine Ersatzgewohnheit zu äußern sucht. Wenn man sich davon überzeugt hat, dass die neue Gewohnheit vorteilhafter ist, wird sie mit derselben positiven Verstärkung gefördert, die, die unerwünschte Gewohnheit begründet hatte.

Es ist wenig oder gar nicht die Rede von Konflikt, neurotischer Dynamik, Träumen, verdrängten Wünschen, oder irgendeinem anderen Begriff der orthodoxen Psychotherapie. Im Mittelpunkt der Aufmerksamkeit stehen lediglich Systeme und Verhaltensweisen. Damit ist die insgeheime Erwartung verbunden, dass weiter nichts nötig sei, als die Symptome zu lindern und das Verhalten zu ändern. So könnte das Leben des Patienten glücklicher und befriedigender verlaufen.

Die heftigen Auseinandersetzungen, die zwischen der konventionellen Psychotherapie und der Verhaltenstherapie geführt werden, sind subjektiver Natur. Man könnte lediglich sagen, der einzige Vorzug, den die Verhaltenstherapie gegenüber den anderen Therapien besitze, besteht darin, dass sie die bescheidenste von allen ist. Sie verspricht lediglich eine nachweisbare Linderung von Symptomen und nicht umfassende Selbstverwirklichung und dauerhafte Normalität.

Freuds Psychotherapie

Die tiefenpsychologisch orientierte Therapie unterscheidet sich von der Verhaltenstherapie dadurch, dass sie korrekten empirischen Überprüfung nicht unterzogen wird. Die Verhaltenstherapie dagegen gründet sich auf eine einheitlich, angemessen formulierte Theorie, die zur überprüfbaren Ableitungen führt. Die Prinzipien der Verhaltenstherapie sind aus experimentellen Untersuchungen abgeleitet, die spezifisch darauf zugeschnitten wurden, Grundtheorien und die Ableitungen daraus zu überprüfen. Hier befolgt die Verhaltenstherapie die Erfordernisse der wissenschaftlichen Methode, während es die Psychotherapie nicht tut. Die Psychotherapie hält Symptome für sichtbare Resultate unbewusster Ursachen, und erachtet sie als Beweise für Verdrängungen. Sie betrachtet Symptome als unangepasste konditionierte Reaktionen, und sieht darin Beweise für falsches Lernen oder falsches Konditionieren.

Sigmund Freud und die meisten Psychotherapien sind davon überzeugt, dass die Symptomatologie durch Abwehrmechanismen determiniert sei. Für den Psychotherapeuten ist jede Behandlung neurotischer Störungen, historisch orientiert.

Die Verhaltenstherapeuten sind aber davon überzeugt, dass Symptomatologie durch individuelle Unterschiede in der Konditionierbarkeit und der autonomen Labilität, wie auch durch zufällige Umweltbedingungen determiniert sei. Sie befassen sich in jede Behandlung neurotischer Störungen, mit Gewohnheiten die gegenwärtig existieren.

Die Psychotherapie scheint Heilung dadurch zu erreichen, dass man die zugrunde liegende unbewusste Dynamik angeht, nicht durch die Behandlung der Symptome selber. Das bedeutet, für den Psychotherapeuten ist die Deutung von Symptomen, Träumen und Handlungen ein wichtiges Behandlungselement. Während für die Verhaltenstherapie, die Heilung dadurch zustande kommen, dass man das Symptom selber unmittelbar behandelt, mithin durch die Ausschaltung unangepasster Verhaltensweisen, und dass man erwünschte Verhaltensweisen herstellt.

Es ist ganz gleich, für Laien als auch für Fachleute, ist die moderne Psychotherapie, ein Irrgarten unterschiedlichsten zum Teil irreführenden Theorien, Prinzipien, Methoden und Techniken geworden. **Siegmund Freud** stellt eine der wichtigsten, wenn nicht die wichtigste Verbindung überhaupt, zwischen mehr als zweitausend Jahren verworrene Hypothesen, und der modernen wissenschaftlichen Zeitalter. Die Psychotherapie hat sich seit **S. Freud**, in verschiedene Richtungen, die sich auf zahllose Theorien, Lehrsätze und Behandlungstechniken berufen, gewandelt. Aus der Vielfalt der Therapien, werde ich die wichtigsten herausgreifen, und diese zu veranschaulichen versuchen.

1- die **Freudsche Psychoanalyse**:

Wie jede andere Form der Psychotherapie, arbeitet die Freudsche Psychotherapie, auf zwei Ebenen. Die erste Ebene ist die theoretische Ebene, die dem Freudschen Analytiker das Grundprinzip und die fundamentalen Richtlinien beipflichtet. Die zweite ist die methodologische Ebene. Darin liegen Technik und Verfahren fest verankert.

Die zweite beruht natürlich auf der ersten.

Die grundlegende Theorie stellt sich wie folgt dar:

a - die Sexualität ist die primäre Motivation bei allen unseren Handlungen.

b - alle Träume sind im Grunde Äußerungen geheimer sexueller Strebungen.

c - alle psychischen Probleme sind die Folge von nicht zum Ausdruck gelangter Sexualität.

d - alle Jungen haben den geheimen Wunsch ihre Väter zu beseitigen, und ihren Müttern zu lieben. Alle Mädchen haben den umgekehrten Wunsch.

e - das Leben eines Kindes ist von Grund auf sexuell bestimmt, schon von Geburt an.

f - jeder Mensch schwankt zwischen dem Wunsch nach normaler Sexualität, und dem Wunsch nach Homosexualität.

Diese Gesetze gelten nicht nur für Neurotiker, sondern auch für alle normalen Menschen.

Die Psychoanalyse ist eine Heilmethode, die mehr aus Spekulationen besteht als aus Wissenschaft. Da sind die Techniken zwangsläufig variabel, ungewiss, und werden auch ständig abgewandelt. Nicht so sehr um die individuellen Bedürfnisse eines Patienten zu entsprechen, sondern weil neue Techniken entwickelt und anstelle derjenigen angewandt werden, die sich als unwirksam oder gar nachteilig erwiesen haben.

Dennoch gibt es gewisse Techniken der Freudschen Analyse, die mehr oder weniger allgemein angewandt werden, welche technischen Eigentümlichkeiten der jeweilige Analytiker auch anhängen mag. Die Haupttechnik, die der Analytiker anwenden soll, wird freie Assoziation genannt: Der Patient wird aufgefordert sich auf eine Couch zu legen, während der Analytiker sich so hinsetzt, dass der Patient ihn nicht sieht.

Mit einer unpersönlichen Stimme weist er dem Patienten an, alles zu äußern, was ihm in den Sinn kommt. Die Anwesenheit des Therapeuten hinter ihm, wird ihm außerordentlich intensiv bewusst. Dieses Bewusstsein wird als doppelt bedrückend empfunden. Deshalb werden die ersten Versuche frei zu assoziieren, dem Patienten als misslungen erscheinen und mit Äußerungen, wie „ muss das wirklich sein? „ Oder, „ich komme mir ein bisschen albern vor„ werden die ersten Widerstände bekundet. Oft greift der Analytiker solche Äußerungen an, um den Bereich einzuengen, auf der sich die freie Assoziation konzentrieren sollten, und um die Gedanken auf einen bestimmten Gegenstand zu lenken, der für die Neurose von Bedeutung sein könnte. An den ersten Phasen der Behandlung sucht der Therapeut nach Anhaltspunkten und Erklärungen für die verletzte Persönlichkeit. Denn, auf diesen Anhaltspunkten, wird er seine autoritative Deutung schließlich aufbauen. Der Patient wird es dem Analytiker verübeln, dass er so autoritär und wenig hilfsbereit ist. Und so gelangt er in das erste Stadium seiner sich allmählich verstärkenden Übertragung, und damit zu zweiten wichtige Technik, deren sich die Freudsche Analyse bedient.

Symbolik, das ist der springende Punkt bei der Freudschen Technik des freien Assoziierens. Ziel der Analyse ist es, das ins Unbewusste verdrängte Material auszugraben. Jenes Material, das einen übermäßigen psychischen Konflikt und daher eine Neurose hervorruft. Nun kann sich nach der Freudschen Theorie, das Unbewusste, eben wegen seiner Natur nicht durch bewusste und konventionelle

Kommunikationstechniken mitteilen. Durch bewusste Verhaltensweisen teile es sich nur indirekt mit, direkter allerdings durch Träume. Ebenso wie in Träumen äußert sich auch das Unbewusste nur mit Hilfe einer Symboliksprache. Wenn ein Patient fast eine Stunde lang redet, Gedanken und Gefühlen enthüllt, die für einen Außenstehenden, keinen Zusammenhang mit seinen Problemen aufweisen, webt sich der aufmerksame Analytiker monatelang sorgfältig am Gewebe aus Symbolen, die aus dem scheinbar endlosen, unsinnigen Gerede des Patienten auftauchen. Nach Ansicht des Analytikers, dienen diese Äußerungen, als unterirdische Scheinwerfer, um die Verdrängungen, die den dunklen Höhlen des Unbewussten des Patienten kauern, zu beleuchten.

Das Ziel der Analyse ist es, den Patienten zu veranlassen- in dem Ihm die Dynamik seiner Neurose verständlich gemacht wird- die fehlgeleitete libidinöse Energie, die Hauptursache seiner Neurose, zu sublimieren.

Der Mechanismus der Sublimierung hält uns nach Freud seelisch gesund. Das Ausmaß unsere Fähigkeit, unsere fixierte libidinöse Energie zu sublimieren, sei der Schlüssel zu unserer Normalität.

Freuds Triebkonzept entstammt seinem Bemühen, bestimmte Verhaltensweisen und den Ursprung von Wünschen, die sich zum Teil in Phantasien und Träumen manifestieren, zu erklären.

Freud entwickelte die Theorie der angeborenen Triebe, um seine klinischen Beobachtungen deuten zu können. Seine Trieblehre stellt die spezifische, psychoanalytische Version einer Motivationstheorie menschlichen Verhaltens dar. Sie erfüllt einige Anforderungen, die andere psychologische

Motivationstheorien nicht leisten. Sie erklärt bestimmte psychopathologische Verhaltensphänomene und irrationale Verhaltensweisen, die nicht unbedingt als pathologisch anzusehen sind. Weiter erklärt sie den Ursprung von Verhaltens- und Denkweisen, die von der Person als Ich-fremd erlebt werden und solche die spontan auftreten.

Die Freudsche Triebkonzeption sprengt den Rahmen des klassischen Instinktbegriffes, der oft mit dem Triebbegriff mehrfach gleichgesetzt wird: Zum einen durch seine psychologischen Charakteristiken, und zum anderen durch seine Verknüpfungen zu Objektbeziehungen.

Selten, um nicht zu sagen Kaum, hat eine andere Theorie auch nur versucht, die angesprochenen Probleme eine Lösung zuzuführen. Außerdem ist es zweifelhaft ob eine andere Theorie eine ausreichende Erklärung für auch nur eines der Probleme anzubieten hat. Das meinte **Rapaport**.

Der Einfluss bestimmter, der Triebkonzeption entstammender Ansichten Freud, machte sich auch im Bereich der akademischen Psychologie geltend: Es sind wesentliche Entwicklungen in der diagnostischen - klinischen - und Wahrnehmungspsychologie, und nicht zuletzt der Motivationspsychologie, gemacht worden.

Im Innenleben herrscht eine nicht weniger strenge kausale Determination, als in physikalischer Prozesse. Nichts geschieht rein zufällig.

Ein Großteil der tatsächlich wirksamen Antriebe des Verhaltens, ist unbewusster und emotionaler Natur.

Konfliktsituationen in denen die seelische Belastbarkeit des Individuums überfordert wird, können dadurch zum Schein aufgelöst werden. So dass einzelne an ihnen beteiligte Regungen, aus dem Bewusstsein verdrängt und im

Unterbewussten wirksam werden. Das Bewusstsein ist demnach nur ein geistiger Zustand.

Die Vorgeschichte zum Ausdruck von zu Neurosen führenden Konflikten des Erwachsenen, reicht bis in die Zeiten der frühkindlichen Persönlichkeitsentwicklung zurück.

Triebskonzepte

Die metapsychologischen Gesichtspunkte des Triebkonzepts:

- **dynamischer Aspekt:** Es bezieht sich auf die im psychischem Geschehen wirkende Kräfte.
- **struktureller Aspekt:** Es, Ich und Über-Ich, sind strukturelle Determinanten des Verhaltens.
- **typischer Aspekt:** Es betrifft die Unterscheidung zwischen bewussten und unbewussten Anteilen der Psyche.
- **ökonomischer Aspekt:** Das Verhalten wird durch seelische Energien, die nach dem Prinzip der Energieerhaltung funktionieren, strukturiert. Das Es verliert durch Besetzung und Gegensetzung an Energie, die dem Ich zugeführt wird.
- **genetischer Aspekt:** Das menschliche Verhalten ist Ergebnis eines epigenetischen Ablaufs. Eine besondere Eigenart der seelischen Entwicklung ist ihre Reversibilität. Regressionen auf frühere Entwicklungsstufen sind möglich.
- **adaptiver Aspekt:** Die Ausformung der Psyche erfolgt in Interaktionen mit der äußeren und inneren Realität.

Die Libidotheorie und die Theorie der Psychoanalyse haben aufzuzeigen versucht, wo die Energie herstammt, die psychischen Prozesse zugrunde liegt, und worin die Funktion spezifischer Triebkräfte besteht, respektive wie sich diese in menschlichen Verhalten auswirken.

Die Auffassungen Freuds über die Struktur der Psyche, die Libidoentwicklung, Konfliktangst und Abwehrproblematik liefern wichtige ergänzende Bestandteile zur psychoanalytischen Motivationslehre.

Die von Freud vorgenommene Gliederung des seelischen Apparates, und die Auffassung vom Wirken der Triebe innerhalb der einzelnen Teilbereiche, tragen zum Verständnis der Motivationslehre entscheidend bei.

Freuds Lehre, die Psychoanalyse, baut sich auf dem Fundament einer bedeutsamen anthropologischen Voraussetzung auf: Es ist die Überzeugung, dass die Urwirklichkeit des Menschenwesens nicht anders sei als seine Triebhaftigkeit. Die Trieblehre ist sozusagen unsere Mythologie.

Man sollte Freud bei allen seiner psychologischen Beobachtungen, Entdeckungen und Theorien nicht in die Kategorie der Klassischen Psychologen reinzwängen. Obwohl Tatsache ist, dass die Entwicklung der Psychologie des zwanzigsten Jahrhunderts, in den Arbeiten von **S. Freud**, Ende der neunziger Jahre des neunzehnten Jahrhunderts in Wien, ein neuer Grundstein gelegt wurde.

Freuds erste Veröffentlichungen standen unter den Einfluss seiner Ausbildung und seiner Interessen als Neuro-Physiologe. In vielen Aufsätzen, die er um die Jahrhundertwende schrieb, versuchte er eine Neurophysiologie zu entwickeln.

Bis ins dritte Jahrzehnt des zwanzigsten Jahrhunderts, wurden seine Schriften aber mehr und mehr durch seine eigenen Erfahrungen, mit der psychoanalytischen Methode in seiner klinischen Arbeit und durch die Berichte seiner frühen Schüler und Mitarbeiter beeinflusst.

Zu dieser Zeit, erarbeitet er die grundlegenden Hypothesen der Wissenschaft der Psychoanalyse. In so bahn-

brechenden Veröffentlichungen, wie die „Traumdeutung"
1900, „Drei Abhandlungen zur Sexualtheorie" 1905. In den
metapsychologischen Schriften „Jenseits des Lustprinzips"
1920 und vielen anderen wichtigen Werken.

Die grundlegende Hilfsvorstellung Freuds, die entscheidend geworden ist, für die Schicksale der ganzen Lehre, ist
der Libido.

Mit dem Libidobegriff wird nach Freud eine Lücke ausge-
füllt, die, die Volkssprache aufweist. Weil diese, keinen dem
Wort „Hunger" oder „Durst" als Bezeichnung des Triebes
nach Nahrungsaufnahme oder ähnliches, entsprechenden
Ausdruck hat.

Libido soll durchaus dem Hunger gleichgestellt, die Kraft
benennen, mit welcher der Trieb, hier der Sexualtrieb wie
beim Hunger sich der Ernährungstrieb äußert.

Die Bedeutungsrichtung des Begriffes Libido, steht für
Freud von vornherein fest. Denn, allen seinen Anschauungen und Theoriebildungen, liegt eine Voraussetzung,
eine dogmatische Annahme zugrunde: Was nun immer
im Seelenleben als Interesse, Wunsch, Streben, oder Verlangen vorkommt, ist mit Färbung der Lust-Unlustvollen
versehen. Es ist gleichbedeutend mit, oder es geht zurück
auf, oder es ist im Grunde nichts als Sexualerregung. So
sieht er in dem Begriff der Libido das Instrument, das zur
Bewältigung der psychischen Äußerungen des Sexuallebens
geschaffen wurde.

Die Auffassung der Libido als psychischer Energie
schlecht hin, wie sie sein einstmaliger Schüler **C. G. Jung**
vorschlug, wurde von Freud schroff abgelehnt. Die Quelle
der seelischen Dynamik ist demnach für Freud, die Sexualität. Die Quelle selbst ist der psychologischen Forschung

entzogen, denn sie entspringt dem Boden, den körperlich-organischen, und erfordert daher, physiologischchemische Erkenntnismethoden.

Für den systematischen Ausbau der Libido-Theorie, sah Freud die Unterscheidung von Ich-Libido und Objektlibido, als wesentlich an.

Die Ichlibido hat narzisstischen Charakter. Erst wenn die Sexualtriebe, sich von der Ich-Triebe selbständig machen, und sich anderen Objekten hinzuwenden, wird die Libido zur Objektlibido. Und erst in dieser Gestalt, werden die Libidoschicksale dem analytischen Stadium bequem zugänglich. Der von Freud so weit gefasste Begriff der Sexuallibido macht die These möglich, dass schon das Leben des Kindes von der Sexualität beherrscht werde. Man denke an die Oral-, Anal- und phallische Phase.

Die Welt der Gefühle ist für Freud wie verhangen. Es ist der entscheidende Punkt in der Gefühlslehre der Psychoanalyse, dass sie eine qualitative Verschiedenheit von Gefühl und Sexus, von Liebe und Sinnlichkeit nicht für erstrangig anerkennt. Dass sie vielmehr beide nur als Gradabstufung eines und derselben libidinösen Grundphänomens betrachtet wissen will. Die analytische Erfahrung hat nach Freud, zu der Einsicht geführt, alle unsere im Leben verwertbare Gefühlsbeziehungen von Sympathie, Freundschaft, Zutrauen und dergleichen, seien genetisch mit der Sexualität verknüpft. Sie haben sich durch die Abschwächung des Sexualzieles aus rein sexuellen Begehrungen entwickelt.

Freuds Anschauungen über Liebe und Sexualität haben Spuren eingegraben, die noch heute nicht verwischt sind.

Noch zu Freuds Zeiten regte sich lebhafter, zum Teil affektiv bedingter, zum Teil angeblich wissenschaftlich wohlbegründeter Widerspruch.

Zwischen 1910 und 1915 trennten sich **Adler** und **Jung** von **Freud,** als sich eine kraftvolle Stimme erhob: Es war **Max Scheler,** der eine offensive mit hervorragendem Rüstzeug, das der Husserlschen Phänomenologie entstammte, gegen die naturalistische Theorie der Liebe, zu Felde zog.

Schelers Erörterungen bezogen sich auf jenes größere geschichtliche Segment, das die Namen **Rousseau, Spencer, Schopenhauer** und andere umspannte. Aber Freuds Trieblehre war ausdrücklich miteinbezogen.

Bei seinen Beobachtungen über die Prozesse der Objekt-Findung der Libido, ist der Blick Freuds auf eine Psychologische Erscheinung gelenkt worden, die er als eine seiner Hauptentdeckungen betrachtet. Und als den Kernkomplex der Psychoanalyse bezeichnet hat: Es ist der Ödipuskomplex.

Freud gibt dem Mythos folgende Wendung ins psychologische: Die ersten Neigungen und sexuellen Wünsche des Sohnes, in der infantilen Libidoentwicklung gelten der Mutter. Das erste Liebesobjekt der Tochter, ist der Vater.

Von dem Gesichtspunkt des Ödipuskomplexes aus, ist von Freud und seiner Schule, zunächst die Familie als psychologisches Problem, neu gesehen und durchforscht worden. In der Durchforschung dieses Stoffes, ist eine Fülle wertvoller Einsichten gewonnen worden. Und zwar über die, im Verborgenen wirkenden Beziehungen, zwischen Eltern und Kind. Über die Stellung der Kinder in der Kinderreihe, mit ihren spezifischen Folgen und über den Einfluss dieser Faktoren, auf die Gestaltung des späteren Lebens gewonnen worden.

Ohne Zweifel ist hier eine Bresche geschlagen worden. Von der aus dann, in den folgenden Entwicklung, das tiefenpsychologische Verständnis der familiären Verflechtungen, weiter ausgebaut werden konnte.

Dieser Aufgabe hat sich vor allem die Individual-Psychologie Adlers zugewendet. Wobei auch andere Gesichtspunkte als der Ödipuskomplex, ins Blickfeld traten.

Für die weiteren Geschehnisse in der typischen inneren Entwicklung des Individuums, wie sie Freud entwirft, ist der eine Umstand von besonderer Bedeutung, dass, der Ödipuskomplex erst in der phallischen Phase der Libidoentwicklung wirksam wird. Das heißt eben in der Zeit, da sich das Interesse des Kindes dem Genitalen zuwendet.

Aus dieser Libidobesetzung des männlichen Genitales, ergeben sich nach Freud sehr weit reichende psychologische Folgerungen. Die Kastrationsangst ist die wichtigste unter ihnen.

Der Kastrationskomplex hat entwicklungspsychologisch für Freud, die Bedeutung der Auflösung des Ödipuskomplexes. Am Kastrationskomplex geht der Ödipuskomplex zugrunde.

Er zerschellt förmlich unter dem Schock der Kastrations-Drohung. Die Angst um den Verlust des Phallus ist so groß, dass die inzestuöse Bindung zur Mutter ihren Anreiz verliert. Die nächste Stufe, die dem Untergang des Ödipuskomplexes folgt, steht unter dem Zeichen der Aufrichtung der normativen, das heißt, der Einsetzung von Moral und Gewissen.

In diesem Prozess geschieht es, dass das von Freud als Über-Ich benanntem Prinzip das Erbe des Ödipuskomplexes antritt.

In Freuds Stellung zum Normativen herrscht nur Zwang und Genötigtsein. Dem kategorischen Imperativ folgen, heißt bei ihm, einer äußeren Autorität sich unterwerfen. So ist das Über-Ich, das Denkmal der einstigen Schwäche und Abhängigkeit des Ichs, und setzt seine Herrschaft auch über das reife Ich fort. Wie das Kind unter dem Zwang stand, seinen Eltern zu gehorchen, so unterwirft sich das Ich dem kategorischen Imperativ seines Über-Ichs. Das Ich kann aber die Forderungen des Gewissens nie Genüge tun. Und so entsteht das Schuldgefühl, welches Zeugnis ist, für die Spannung zwischen den Ansprüchen des Gewissens und den Leistungen des Ichs. Ebenso wie das Schuldgefühl, werden auch alle Möglichkeiten und Erscheinungsweisen des Minderwertigkeitsbewusstseins, aus der Spannung zwischen Ich und Über-Ich erklärt. Die Adlersche Anschauung, dass Minderwertigkeitsgefühle grundsätzlich aus Organunzulänglichkeiten hervorgehen, wird von Freud zurückgewiesen. Den Begriff Organminderwertigkeit lässt Freud als psychologischer Faktor überhaupt nicht gelten. Von Einer Ausnahme abgesehen, die er der Psychologie der phallischen Phase zugesteht.

In einem Entwurf vom Wesensaufbau des Menschen, und von der, die Psyche überhaupt beherrschenden Mächten, hat Freud drei Faktoren in Beziehung miteinander gesetzt: das Es, das Ich und das Über-Ich.

Das Ich und das Über-Ich habe ich schon erwähnt. Zur Kennzeichnung des Unbewussten, griff Freud an **Nietzsche** und **G. Groddeck** anknüpfend, zu dem Ausdruck des „Es" das der Teil des seelischen Apparates, in dem die Triebbedürfnisse, die ungezähmten Liebschaften inne wohnen. Das Es ist amoralisch, das Ich ist bemüht moralisch zu sein, und das Über-Ich kann hypermoralisch und dann so grausam werden wie nur das Es sein kann.

Die Mechanismen, von deren Wirksamkeit Freud das psychische Geschehen bestimmt sieht, gehen auf die Beziehung zwischen der Triebwelt und dem Bewusstsein. Nach Freuds spätere Terminologie, zwischen dem Es und dem Ich. Er hat zwei Arten relativer Triebverneinung aufs eingehendste behandelt: die Sublimierung und die Verdrängung. Der Verdrängungsmechanismus ist zum Pfeiler geworden, der im Grunde das ganze Gebäude der Neurosenforschung und Therapie zu tragen hat.

Zahllose Äußerungen Freuds kreisen um jenen einen Grundgedanken, dass die Neurose auf einen Sträuben des Ichs gegen den Anspruch der Sexualfunktion beruht. Dass der Mensch seelisch erkrankt, an den Konflikt zwischen den Ansprüchen des Trieblebens, und dem Widerstand der sich ihm dagegen erhebt. Dies wird noch verstärkt durch jene andere, ständig drohende Macht, die das Ich in seinem Rücken fühlt: „die Angst des Ichs vor seinem Über-Ich". Und schon beginnt die Symptombildung. Das Symptom entsteht aus der Dynamischen Ladung nicht realisierter Libidoimpulse. Die Libido geht den Weg der Regression und nimmt was sie dort, in den Partialstrebungen der Kinderzeit findet. Da aber die kindliche Sexualität nach Freud, arglos selbstverständlich, alle Formen des Perversen beherbergt, werden durch die rückläufige Bewegung der Libido, unvermeidlich die perversen Züge stärker belebt. Und so müssen bei allen Neurotikern im Unbewussten perverse Tendenzen anzutreffen sein: Homosexualität, Schaulust, Exhibition, Grausamkeit in aktiver und passiver Form, sowie anatomischer Verlagerung des sexuellen Interesses.

Die therapeutische Methodik Freuds hat bis zu ihrer letzten Fassung mehrere Entwicklungsphasen durchgemacht. Es lassen sich drei Theorien unterscheiden:

1- Die Traumtheorie und die kathartische Methode.
2- Die Theorie der Verdrängung und die Widerstands-Analyse.
3- Die Theorie der Übertragung und des Wiederholungszwanges.

Die Therapie sieht ihre Aufgabe darin, die Wirksamkeit des Traumas aufzuheben.

Anfangs ließ sich der Arzt oder Therapeut auf die Fährte setzen durch das Material, das die Hypnose des Patienten erbrachte. Später trat an die Stelle der Hypnose eine kombinatorische Verwertung der freien Einfälle des Patienten. Der zweite Weg bezeichnete zugleich die Anfänge des später, in der Psychoanalyse unentbehrlich gewordenen Verfahrens der freien Assoziation.

Allerdings waren gewisse negative Erfahrungen bei der Anwendung des kathartischen Verfahrens gewesen, die Freud auf den neuen Weg brachten. Er suchte nun nicht mehr so sehr die konkreten akzidentiellen Ereignisse aufzuspüren, die auf den Patienten in seiner Kinderzeit träumerisch eingewirkt haben mochten. Vielmehr legte er größeres Gewicht auf die innerpsychischen Vorgänge als solche. Und suchte zu erforschen, welche Bestandteile, des infantilen Trieblebens beim Patienten eine Verdrängung erfahren hatten. Die in seiner späteren Entwicklung symptombildend gewirkt hatte.

Mit dieser Wendung war der Weg zu der eigentlichen psychoanalytischen Methode eingeschlagen. Die therapeutische Aufgabe müsste nun anders gefasst werden. Ihr Ziel war nicht mehr das Abreagieren des auf falsche Bahn geratenen Affekts, sondern die Aufdeckung der Veränderungen. Dies ist gleichbedeutend mit dem Ringen um Beseitigung der Widerstände. Freud stolperte über einer Art des Widerstands, die offenbar aus anderen Schichten ihre Nahrung zog, in auffallender Weise gefühlsbetont war, und sich durch ein hartnäckiges Bezogensein, auf die Person des Therapeuten auszeichnete. Die Bindung trat sowohl in positiver Form auf, wie als negativ einer gefühlsmäßigen Zuwendung. Es war der psychologische Tatbestand der Übertragung, auf den Freud gestoßen war. Die Übertragung erwies sich als hemmend für den Fortgang der Analyse. Sie trat in den Dienst der Widerstände des Patienten. Freud suchte sich Rechenschaft über Wesen und Zustandekommen des Übertragungsphänomens abzulegen, und baute sich eine Theorie auf. Es handelt sich bei der Übertragung um einen Vorgang der Reproduktion frühere Erlebnisweisen. Was in der Lebensgeschichte des Patienten einstmals, vor allem in den frühesten Anfängen, bedeutsam gewesen war: Gefühlseinstellungen zu den nächsten Personen seiner Umgebung, insbesondere aber verdrängte libidinöse Strebungen. Dies alles entbindet sich in der Analyse, steigt empor und wird auf den Therapeuten übertragen.

Durch die Reproduktion solchen Stoffes der Vergangenheit, können alte, tief ins Unbewusste versunkene Tendenzen, gesichert und näher bestimmt werden. Der Überblick über persönliche innere Gesamtkonzeption des Patienten erweitert sich. Ein Stück realen Lebens, das für die ganze seelische Entwicklung des Betreffenden von Bedeutung war, wird heraufgeholt.

Wenn es erreicht wird, den Patienten von dem Vorhandensein und dem mächtigen Einfluss seiner Verdrängungen und Widerstände zu überzeugen. Wenn ihm einsichtig wird, dass, und in welchem Ausmaß sein gegenwärtiges Erleben und Verhalten die getreue Bestätigung frühere Einstellungen sind. Wenn mit einem Wort gerade aus der Sphäre der Übertragung heraus die Übertragung selbst aufgelöst werden kann; dann bedeutet dies für den Patienten ein Stück Befreiung aus alten, hemmenden, Libido verzerrenden Bindungen. Eine Lösung von infantilen Abhängigkeiten. Dann wird die Übertragung zum besten Werkzeug derselben, mit dessen Hilfe sich die verschlossensten Fächer des Seelenlebens eröffnen lassen.

Freuds Lehre, gibt Zeugnis von der Allmacht des Eros.

Adlers Psychotherapie

Alfred **Adlers** grundlegendes therapeutisches Ziel entsprach dem von Freud: „ Heilung der Neurose „

Auch seine Methode war ähnlich: Aus dem Patienten selbst, die verborgenen Ursachen seiner Angst ans Licht zu bringen. Adler ging davon aus, dass der Grundtrieb im menschlichen Leben, Macht- und Überlegenheitsstreben sei. Er glaubte, dass jeder Mensch bei seinem Streben nach Überlegenheit, unweigerlich auf Hindernisse stoßen werde. Es sei die Aufgabe des Therapeuten, die Gründe zu klären, die dazu führen, dass der Mensch entweder an diesen Hindernissen scheitert, oder sie überwindet. Da eine Neurose die Folge blockierten Strebungen nach Überlegenheit sei, würde die Aufdeckung der Ursache, die Neurose beseitigen.

Sein einfaches Rezept: Organismischer Minderwertigkeit ist die Ursache für die psychischen Schwächen. Hier sollen Frauen, die Last zusätzlicher Schwäche tragen, die ihre Überlegenheitsstreben behindern, so dass sich bei vielen von ihnen ein männlicher Protest entwickelt.

Eine Einstellung die bei anderen Menschen, eine feindselige Haltung hervorruft. So verstärkt dieser Teufelskreis die Neurose. A. Adler sah das Individuum als Teil eines größeren Ganzen, und seine Probleme als Folge des kollektiven Problems des größeren Ganzen, die Gesellschaft.

Die Therapie besteht aus drei Hauptabschnitten:

1- In den ersten Sitzungen wird dem Patienten die Schilderung seiner Probleme, durch einfühlendes Verständnis seitens des Therapeuten, erleichtert. Es ist keine freie Assoziation, sondern eine unmittelbare Schilderung der spezifischen Symptome, Probleme und Schwierigkeiten, die der Patient in seiner Neurose festhält. Der Therapeut schaut sich besonders nach Hinweisen um, wie Überlegenheitsstreben oder psychische Blockierungen, die das Minderwertigkeitsgefühl hervorgerufen hatten. Die Sensibilität des Therapeuten für die Äußerungen des Patienten, ist der Schlüssel zum Erfolg.

2- Die deutende Phase: Sobald der Therapeut eine genaue Vorstellung von den Problemen des Patienten zu haben glaubt, wird er versuchen, ihn sein Selbst zu erklären.

3- Förderung und Stärkung des Gemeinschaftsgefühls:

Dies geschieht durch soziale Interaktionen innerhalb und außerhalb des Rahmens der Therapie. Die Adlersche Therapie bewies, ebenso wie es die Freudsche Analyse, dass das einfache Aussprechen von Problemen gegenüber jemanden, der in der Kunst des Zuhörens ausgebildet und erfahren ist, einen therapeutischen Wert hat.

Adler hat durch die Einführung der Begriffe, Minderwertigkeitskomplex, Geschwisterrivalität und einfühlendes Verständnis, die Therapie stark beeinflusst. In gewisser Hinsicht war er ein Vorläufer, der modernen humanistischen, und sozial ausgerichteten Betrachtungsweisen der Therapie.

Adlers Individualpsychologie beruht sich auf den Primat des Machtwillens. Siegmund Freud und Alfred Adler haben eine gemeinsame Denkweise, und zwar die biologische Grundrichtung.

Sowohl Sexus wie Machtstreben entspringen der Triebsphäre. Allerdings unterscheiden sich beide Meinungen über die Triebbedingtheit des menschlichen Seelenlebens, in feinen aber sehr charakteristischen Zügen.

Eros und Macht stellen, psychologisch gesehen, eine Art von Komplementarität dar. Darauf hatte schon **Carl Gustav Jung** aufmerksam gemacht: „ Wo die Liebe herrscht, da gibt es keinen Machtwillen. Und wo die Macht den Vorrang hat, da fehlt die Liebe. Das eine ist der Schatten des anderen: wer auf den Standpunkt des Eros steht, dessen kompensierender Gegensatz ist der Machtwille. Wer aber die Macht betont, dessen Kompensation ist die Liebe „.

Dieses komplementäre Verhältnis, erleichtert die Feststellung des geistigen Standortes der beiden Anschauungen. Und lässt zugleich, die zwischen ihnen bestehende Gegensatzspannung, begreiflich erscheinen.

Tatsache ist, dass in jeder der beiden Theorien, das Kernstück der anderen bagatellisiert und zu etwas niedrigerer Gewichtung abgestempelt wurde, ist als Folge der erwähnten psychologischen Komplementarität zu verstehen. Man mag sich etwa an die Schwierigkeiten Freuds erinnern bei dem Versuch die Ich – oder Selbsterhaltungstriebe als gewisse Triebart von den Art-Erhaltungstriebe, das heißt den Sexualregungen zu sondern. Ferner an das Schwanken Freuds, in der psychologischen Bewertung und Einstufung des Aggressionsprinzips. Das, Adler von Anfang an und in völliger Konsequenz seines Standpunktes, als selbständigen Trieb postuliert hatte. Von einem übergeordneten Gesichtspunkt aus, erscheinen Rangabstufungen der beiden Prinzipien als nicht berechtigt. Es besteht, wie C. G. Jung sich einmal äußerte: „ keinerlei Grund zur Annahme, dass Eros genuin sei, der Machtwille aber nicht. Sicherlich ist der Machtwille ein ebenso großer Dämon wie der Eros und ebenso alt und ursprünglich wie dieser ".

Eigentlich widersprechen sich die Ansichten Freuds und Adlers als psychologische Erscheinungen nicht, vielmehr ergänzen sie sich gegenseitig. Ein Anschauungsvergleich der theoretischen Grundmodelle von Freuds und Adler, kann sehr lehrreich sein. Es scheint zunächst, dass zwischen ihnen insofern eine klare Parallele besteht, als sie sich beide auf einen jeweils scharf charakterisierten Urdualismus berufen.

Ich erinnere nochmals: bei Freud war es die Polarität zwischen Lust- und Realitätsprinzip. Anders bei Adler, er geht von einem dualistischen Grundmodell aus, als dessen gegensätzliche Elemente, das Machtprinzip und das Gemeinschaftsgefühl erscheinen. Das Machtprinzip stellt eine Antriebskraft dar, die nur im Rahmen des Sozialen, im weitesten Sinne aktuell wird. Es ist realisierbar nur in einem Gefüge mitmenschlicher Beziehungen. Überlegenheit wie Unterlegenheit setzen immer die anderen voraus, mit denen man sich misst, im Vergleich mit denen man oben oder unten ist. Bei Adler sind die Ebenen, denen die beiden antagonischen Grundstrebungen angehören, wenn nicht gleich, so doch weit mehr benachbart als bei Freud. Darin drückt sich eine charakteristische Eigenart der individualpsychologischen Denkweise im Ganzen aus. Für sie steht im Vordergrund die Stellung des Menschen zur seiner Umgebung. Der Machtwille erscheint keineswegs im gleichen Sinne als primäre Antriebskraft der menschlichen Psyche, wie bei Freud das Lustprinzip. Den Primat hat eben für Adler nicht der Trieb, sondern die sozialen Gegebenheiten, die unerschütterliche Logik des menschlichen Zusammenlebens. Das Eingebundensein in das soziale Gefüge, spiegelt sich natürlich auch in der seelischen Struktur des Menschen, und zwar als Gemeinschaftsgefühl. Das Streben nach persönlicher Macht, Geltung und Überlegenheit, ist der Gegenspieler des Gemeinschaftsgefühls in der Psyche. Von dieser Interpretation ausgehend hat Adler seine eigentliche historische Leistung zur Entwicklung der modernen Tiefenpsychologie beigetragen. Es ist der tiefe Einblick in das Ewige Wechselspiel von schwach und stark, unsicher und anmaßend, hilflos und geltungssüchtig, minderwertig und überheblich. Adler hat sich eingehend mit der Frage befasst, auf welche Weise das kompensatorische Wechselspiel überhaupt in Gang kommt. Seine Beantwortung fängt mit einem ähnlichen Begriff, der in der Psychoanalyse Verdrängung heißt, oder wie in der Psychologie C. G. Jung, der des Komplexes. Es ist der Begriff des Minderwertigkeitsgefühls. Was jeweils die kompensatorischen Reaktionen auslöst, ist das Bewusstsein unzulänglichen eigenen Wertes. In der Kindheit finden sich als erste wesentliche Erlebnisse, die Gefühle von Hilflosigkeit, Unsicherheit und Minderwertigkeit und zwar durchgehend und unausweichlich. Aus konstitutiver Minderwertigkeit und ähnlich wirkenden Positionen der Kindheit, wächst ein Gefühl der Minderwertigkeit, das eine Kompensation im Sinne der Erhöhung des Persönlichkeitsgefühls verlangt. Dabei kommt der fiktive Endzweck des Machtstrebens zu ungeheurem Einfluss und zieht alle psychischen Kräfte in seine Bahn. Neben der allgemein schwierigen Position der Kinderzeit sieht Adler eine Hauptwurzel des Minderwertigkeitsgefühls in den Organminderwertigkeiten spezifischer Art. Die Organminderwertigkeiten fallen bei der Konstellierung des Minderwertigkeitsgefühls des Kindes stark ins Gewicht. Sie verstärken sich in der Richtung, die durch das beteiligte Organ bestimmt wird. Mit zunehmendem Minderwertigkeitsgefühl und Unsicherheit steigern sich die Kompensationsbemühungen, und der Kampf erhitzt sich um die doppelt gefährdete Selbstbehauptung: es kommt dann zur Überkompensationen.

So sehr es geschehen kann, dass erst unter der Einwirkung kompensierender Energien, bestimmte Leistungen oder Fertigkeiten hervorgetrieben oder hochgezüchtet werden. So wenig darf dabei übersehen werden, dass damit nur über den quantitativen Aspekt der Kompensation etwas ausgesagt wird. Für den qualitativen Gesichtspunkt aber gilt der Grundsatz, dass nichts entfaltet, gesteigert, unterdrückt werden kann, wenn es nicht wesensmäßig vorhanden ist. Die Lebenswirklichkeit erschafft unzählige Variationen. Es bilden sich auf der Basis, dunkel gespürter Mängel und Unzulänglichkeiten, psychische Hilfskonstruktionen, die sich an Schablonen, Prinzipien, Ideale und neurotische Arrangements lehnen. Das Kompensationsbedürfnis haftet sich an Leitbilder, die in der Vorstellung einer Person konkretisiert werden: wie der des Vaters, des Helden oder Genies.

Eine andere Variation ist das Zurückweichen in infantile Schwäche. Hilfsbedürftigkeit und Unfähigkeit, sind die Anzeichen dafür. Dadurch erreicht das Individuum, die Fürsorge und Unterstützung oder Bemitleidung durch die Umgebung, so auf sich zu ziehen. Ziel ist es, sich unausweichlich im Mittelpunkt zu finden. Eine weitere Möglichkeit besteht in dem Aufbau, einer aggressiv feindlichen Haltung, der Umwelt gegenüber. Dabei entfalten sich Eigenschaften und Charakterzüge, wie Trotz, Überheblichkeit, Herrschsucht und Grausamkeit.

Die Grenze zwischen den psychisch gesunden und dem neurotischen Bereich ist fließend. Die neurotische Psyche charakterisiert sich bloß durch stärkeres haften und Einfühlung an der Leitlinie. Mit der Theorie von Machtwillen ist bei Adler ein besonderer Lehrsatz vereinheitlicht, für den er die Bezeichnung" männlichen Protest" gewählt hat. So erscheint auch bei Adler ebenso wie bei Freud, die Geschlechterpolarität als ein letzter Bezugspunkt. Bei Freud hatte sie die Basis abgegeben, auf der sich, die umspannende Theorie der Sexuallibido aufbaute. Bei Adler wird der Gegensatz der Geschlechter, in die Perspektive des Willens zur Macht gerückt. Offensichtlich hat Adler, in dem er die These vom unbedingten Wertvorrang als Kernstück des männlichen, in seiner Theorie eingebaut hat, auch seine Tributpflicht dem Kulturverständnis seiner Zeit, nachgekommen. Man denke an die erhitzte Anlaufphase der Emanzipation der modernen Frau, in Europa, um die Jahrhundertwende.

Es ist ein Verdienst Adlers, die psychologischen Mittel und Werkzeuge, die zur Aufdeckung menschlicher Selbsttäuschungen geeignet sind, bereichert und verfeinert sind. Und somit, das Instrumentarium der praktischen Seelenheilkunde vermehrt zu haben.

Die für Adler maßgebende psychotherapeutische Grundformel, erweist sich als Konsequenz seiner These, vom Urdualismus des Macht- und Gemeinschaftsprinzips. So können sich die Bemühungen, um eine Verwirklichung der rechten seelischen Ordnung, auf nichts anderes richten als auf die Wiederherstellung des durch die Ansprüche des Ichs verletzten Gemeinschaftsgefühls.

Die Anschauungen der Individualpsychologie verlangen den bedingungslosen Abbau des Machtstrebens und die

Entfaltung des Gemeinschaftsgefühls. Die Mittel die zur Verwirklichung solcher Ziele dienen können, liegen weniger auf dem Feld des Erkennenden Bewusstmachens als auf dem des praktischen Tuns, im Sinne des Erziehens.

Sowohl Freud als auch Adler trachteten danach, fasziniert von ihrer jeweiligen psychologischen Hauptentdeckung, in allen Erscheinungsformen der Psyche. Die Wirksamkeit je eines einzigen zentralen Prinzips, - hier die Sexualität, dort der Machttrieb - aufzuspüren. Das hat eine doktrinäre Einengung der Vielfalt, ursprünglicher seelischer Gegebenheiten zur Folge. Denn, es lässt sich schlechterdings nicht alles seelische, aus einem Prinzip allein erklären.

Jungs Ansichten

Die Erkenntnishaltung von Jung dagegen entspricht es von vornherein, die menschliche Seele als eine Totalität zu fassen, die der Polyphonie aller in ihr angelegten Möglichkeiten, freien Raum gewährt. Jung sprengt die in Freuds und Adlers Schule zum Mythologem gewordene Meinung, von der allbeherrschenden Triebhaftigkeit. Er sieht in ihr nur eine Komponente der menschlichen Gesamtwirklichkeit.

Freud sah den Traum als Hüter des Schlafs an, und hielt ihn für eine Art von Sicherheitsorgan. Dazu geeignet, die dunklen in ihre Urformen unannehmbarem Tiefenmächte des „Es", durch verlarvende Umbildung unschädlich zu machen.

Adler hingegen betrachtete die Träume, als Mittel zur Vorbereitung und Einübung der imaginären Leitlinien, die sich der Einzelne als Anhalt und Stütze für sein Macht- und Geltungsbedürfnis zurechtlegt.

Bei **C. C. Jung** hat sich das Blickfeld, im Vergleich zu den Theorien S. Freuds und A. Adler, wesentlich erweitert. Aus einer Fülle von empirischen Beobachtungen, hat Jung eine Grundregel abgeleitet: Das Verhältnis der Träume zum Bewusstsein, fügt sich zumeist in den Rahmen des Kompensatorischen ein. Die kompensierende Funktion wirkt sich so aus, dass die Träume gerade das herausstellen und ins Licht setzen, woran es dem Bewusstsein mangelt, da sie anderseits das herabmindern und verkleinern, was im Bewusstsein über das rechte Maß hinaus geraten ist. Ein

Zuwenig hier erzeugt ein Zuviel dort und umgekehrt. Das Unbewusste bedient sich gleichsam des Traumes um ein Gegenthema ertönen zu lassen. Einen echten Kontrapunkt zu dem ersten, dem Hauptthema, unter welches vom Bewusstsein aus, das Leben des Individuums gestellt wird. Für Freud und Adler war die Beschäftigung mit dem unbewussten Teil der Psyche, durchaus gebunden an den psychologischen Problemen, die das Einzelsubjekt als solches betrafen. Jung machte eine grundlegende Unterscheidung zwischen dem persönlichen und dem kollektiven Unbewussten. Jungs Konzeption des Kollektiven Unbewussten bedeutet, den stärksten Einwand gegen die einseitig personalistische Einstellung der Psychoanalyse. Das kollektive Unbewusste ist in allen Menschen sich selbst identisch. Es bildet damit eine in jedermann vorhandene, allgemeine seelische Grundlage überpersönlicher Natur. C. G. Jung ist als erster unter den Begründern der neuen Psychologie des Unbewussten daran gegangen, die Topographie der Kollektivpsyche zu erforschen. Die Frucht seiner Bemühungen ist die Lehre von den Archetypen, die als Strukturelemente des kollektiven Unbewussten gelten. Die Archetypen sind Kraftfelder des kollektiven Unbewussten. Sie sind maßgebend für die gesetzmäßige Gruppierung des Erlebnismaterials, und für charakteristische Abläufe im seelischen Geschehen. Sie stellen apriorische, der unbewussten Seele, innewohnende Bereitschaft, zur psychischen Erfassung der Welt und des Daseins dar. So hält das kollektive Unbewusste in den urtümlichen Bildern, einen Vorrat nicht persönlich begründeter, sondern typischer Reaktionen bereit. Das heißt Reaktionen des Individuums als eines menschlichen Wesens überhaupt. Diese, tauchen im Leben des Einzelnen als bewussten Ausdruck, in Träumen und gewissen Verhaltensweisen auf, etwa beim sich versprechen.

Mit dieser Auffassung hat er seine Schuld bei Freud abgetragen. Aber das kollektive Unbewusste, das jedes persönliche Unbewusste einhüllt, ist das Sammelbecken verdrängter Gedanken, Gefühle, Empfindungen und Eingebungen. Die, von der gesamten Ahnenreihe, seit grauer Vorzeit erfahren worden sind, und das kulturell geprägte, archetypische Verhalten jedes Menschen ans Licht kommen lässt.

Um den Vergleich gerechter zu werden, ergibt sich die Notwendigkeit, auf die Jungsche Theorie etwas nähe einzugehen.

Sie behauptet, dass der Mensch von einem Bündel an Mythen und Symbolen der Rasse und Kultur in die er hineingeboren wurde, motiviert wird. Dieser Bündel, sei das kollektive Unbewusste. C. G. Jung glaubte, das Unbewusste des Individuums, das mit den Kindheitserlebnissen beginnt, sei einem viel größeren Unbewussten aufgepfropft, das in seine eigene Welt vorhanden ist, nämlich den Erfahrungen seiner Gattung. Das sei ein reales Unbewusstes, das in jedem Menschen wirksam sei und das persönliche Unbewusste des einzelnen verdränge und beherrsche. Um eine psychische Störung richtig verstehen und bewältigen zu können, muss der Patient weiter zurückgehen in seiner Erfahrung, als Freud sich vorstellte, um auf diese Weise die Ursachen seines Problems herauszufinden. Jung verdoppelte Freuds Topographie der Seele, um auf diese Weise die Psychopathologie der seelischen Störungen erklären zu können.

Nach Jungs Theorie ist die Neurose, das Ergebnis einer fehlerhaften Interaktion beider Formen des Unbewussten. Eine Disharmonie zwischen " Persona „ und „ Anima " , die darum wetteifern, das Ich – das ganze Selbst – innerhalb des zweifachen unbewussten Persönlichkeitssystems zu kontrollieren und zu formen.

Das Ziel der Jungschen Therapie kann nichts anderes sein als der Versuch, die Disharmonie innerhalb der Psyche aufzulösen. Dazu benutzt er die Technik der freien Assoziation nach Freudscher Art. Sie vollzieht sich allerdings, viel unmittelbarer unter der Kontrolle des Therapeuten. Die Aufklärung, die der Freudschen Deutung entspricht, ist die zweite Phase der Jungschen Therapie, natürlich nach der Jungschen Lehre. Die dritte Phase ist die Erziehung.

Da Persönlichkeit kein konstanter Faktor ist, ist es schwierig, spezifische Techniken wie der Freudschen Analyse zu entwickeln und sie sind weniger wichtig als die Begegnung zwischen dem Patienten und dem Therapeuten. Die Behandlung verläuft in vier Phasen, die den drei Phasen der Freudschen Analyse ähnlich sind.

Im ersten Stadium wird die Technik der freien Assoziation nach Art der Freudschen Analyse angewandt. Aber der Analytiker wird den Patienten so lenken, dass er sich eher auf bedrückende gegenwärtige Sorgen, als auf frühere Erinnerungen konzentriert. Es soll zu einer Katharsis kommen.

Die Erziehung folgt als nächste. Der Analytiker erklärt dem Patienten sein neurotisches Verhalten, und unterrichtet ihn über wünschenswerte und normale Verhaltensweisen. Diese Unterrichtung ergibt sich wiederum aus der Jungschen Auffassung vom Menschen als einem auf ein Ziel und die Zukunft ausgerichteten Wesen.

In der vierten Phase soll der Patient die Wandlung vollzogen haben, und kehrt zur normalen Funktionstüchtigkeit zurück. Er ist vom Therapeuten unabhängig.

In der Jungschen Therapie sind, Analyse und Deutung wahrscheinlich die wichtigste Technik.

Der Jungsche Therapeut hält Träume zumindest aus zwei Gründen für wichtig. Einmal dreht es sich darum, was der Trauminhalt über die Macht der kollektiven Archetypen aussagt, die im Unbewussten jedes Menschen hausen. Zum anderen, was die Träume dem Therapeuten über die Art und dem Umfang der Kompensation sagen können, die der Patient als Abwehr gegen die Schwächen seiner Persönlichkeit hervorbringt.

Carl C. Rogers hat ein völlig neues Verfahren der Psychotherapie entwickelt. Anfangs nannte er seine Therapie „ die nicht Direktive Beratung „. Später, als Rogers Theorien sich durchsetzten, gab er seiner Methode dem eher positiven Namen „ Klientenzentrierte Therapie „. Um seine Ansicht zu verdeutlichen, dass es der Patient oder Klient und nicht der Therapeut sei, der in der Therapie die Richtung angeben soll. Seine Überlegungen standen unter dem Einfluss von Methoden und Theorien, die, Fromm, Maslow, O. Rank und Sullivan, ihrem Eigen nannten. Rogers hielt die Persönlichkeitsentwicklung des Menschen für sozial beeinflusst und die Dynamik der Neurose, für sozial determiniert. Wie die Neo-Freudianer auch, nur bei seiner Auffassung von Therapie, ließen sich größere Unterschiede feststellen.

Für Rogers ist der einzige angeborene Trieb des Menschen, außer der Befriedigung seiner biologischen Bedürfnisse, sein Trieb zur Selbstaktualisierung. Dieser Trieb ist die fundamentale, und einzige Quelle psychischer Motivation für das Verhalten des Menschen.

Die menschliche Persönlichkeit entwickelt sich von Kleinkindesalter an auf diese Weise. Wegen seines angeborenen

Triebs zur Selbstaktualisierung und infolge der Konfrontationen und Interaktionen mit seiner Umwelt, die das Kleinkind während seines Heranwachsens zum Kind und dann zum Jugendlichen erlebt, entwickeln sich beim Individuum mehrere Subbedürfnisse. Die, als Übersetzungsmechanismen zwischen seiner äußeren Welt der Erfahrungen, und seiner inneren Welt der Selbstaktualisierung wirken. Der erste Mechanismus ist ein Konzept vom Selbst. Als Folge des Selbstaktualisierungstriebes lernt das Individuum, zwischen seinen Erfahrungen zu unterscheiden. Einige Formen seiner Erfahrungen bringt er in Beziehung zu seiner Umwelt, andere in Beziehung zu seiner eigenen Funktionsweise, ungeachtet seiner Umwelt. Das nennt Rogers Selbsterfahrung. Er sagt weiter, wenn ein Individuum beginnt um seine Erfahrungen herum Wahrnehmungen zu organisieren, dann entwickelt er ein Selbstkonzept. Aus diesem Selbstkonzept ergibt sich der nächste Vermittlungsmechanismus. Nämlich, der zwischen der äußeren und der inneren Welt: Dies ist ein Bedürfnis nach positiver Zuwendung. Dieses Bedürfnis ist ein wichtiger Bestandteil der Theorie Rogers. Denn es ist seiner Ansicht nach, der Mechanismus, auf dem die Neurose beruht.

Wenn ein Mensch beginnt, sein Konzept vom Selbst gegen seine Umwelt abzuwägen, dann erfährt und lernt er, dass die Zuwendung andere ihm gegenüber einen äußerst entscheidenden Einfluss auf sein Selbstkonzept hat. Deshalb strebt der Mensch nach positiver Zuwendung von Seiten anderer. In dem er das tut, gerät dieses Subbedürfnis in Konflikt mit seinem primären Trieb zur Selbstaktualisierung. Das Streben nach positiver Zuwendung seitens anderer, ein angelernter Trieb, kann eine stärkere Antriebskraft im Verhalten eines Menschen werden als sein angeborener Trieb zur Selbstaktualisierung, der auf der inneren Bewertung der Erfahrungen beruht. Eine Bewertung, die seine Wahrnehmungen von der Realität bestimmt. Dieser Konflikt kann zur Folge haben, dass das Individuum seine Wahrnehmungen der Realität nicht mehr durch seine Selbsterfahrungen bezieht, sondern durch die Erfahrungen anderer, so dass es falsche Wahrnehmungen aufnimmt. Diese, werden seine Selbstaktualisierung fördernde Realität verzerren und sein Selbstkonzept allmählich unterminieren. Also, zwei Prozesse, die dem neurotischen Prozess zugrunde liegen.

Ein anhaltender Konflikt zwischen innerlich motivierter Selbsterfahrung und äußerlich entstandenen Wertbedingungen führt schließlich zu Angsterfahrungen. Nach Rogers Theorie, ist Angst der Hauptmechanismus des Widerstands gegen die Bedrohung. Sie ist auch das Hauptsymptom, sie verrät, dass das Individuum ein verzerrtes Bewusstsein hat. Letztlich ist sie Selbst eine verzerrte Erfahrung. Sie ist der Höhepunkt und die Summe aller früheren verzerrten Erfahrungen des Individuums. Sie ist stärker als jeder anderer Mechanismus und hindert das Individuum daran, signifikante und wahrhaft selbstaktualisierende Erfahrungen in seinem Bewusstsein aufzunehmen. Wenn das Bewusstsein sich in stärkerem Maße gegen solche Erfahrungen absperrt, kommt es zur Neurose. Diese Inkongruenz läuft auf weitere Angst hinaus, die sich in einer Fülle von Abwehren und Abwehrverhalten niederschlägt. Die Klientenzentrierte Therapie verwendet im Gegensatz zu den meisten anderen Therapien keine spezifischen Techniken. Sie hält sich an drei allgemeine therapeutische Regeln: Kongruenz des Therapeuten, bedingungslose positive Zuwendung und einfühlendes Verständnis, die zwar überaus wichtige Bestandteile der Klientenzentrierten Methode, sind aber eher als Einstellungen denn als Techniken zu bezeichnen.

Die Kongruenz des Therapeuten bedeutet, dass er in seinen Gefühlen für den Klienten aufrichtig und ehrlich zu sein vermag. Weiter bedeutet es, seine Gefühle zu leben, sie in seiner Beziehung zum Klienten zu zeigen und wenn es angebracht ist, zu übertragen. Die zweite Einstellung die der Therapeut zu vermitteln sucht, ist die der verlässlichen und unerschütterlichen Herzlichkeit. Die zu verstehen gibt, dass ihm an dem Klienten liegt und er ihn schätzt. Das ist die bedingungslose positive Zuwendung. Und es liegt auf der Hand, dass sie dem Versuch gilt, dem Prozess umzukehren, durch den, die Wertbindungen des Klienten geschaffen wurden.

Richtiges einfühlendes Verständnis seitens des Therapeuten ist das dritte Erfordernis einer wirkungsvollen Klientenbezogenen Therapie. Seine Empathie für die Innenwelt und die Meinungen des Klienten erweckt bei dem Klienten, das sichere Gefühl, dass der Therapeut ihn versteht und akzeptiert.

Für die Klientenzentrierte Therapie, geht es überwiegend um Aufhebung von Hemmungsprozessen, die das Erleben und Verhalten einengen, deren natürliche Äußerung, Aktualisierung und Entfaltung beeinträchtigen. Wobei die Fähigkeit dazu als grundsätzlich gegeben oder einmal vorhanden gewesen, angesehen wird. Von einer ähnlich engeren Fassung des Verhaltens, und Erlebnismodifikation ging die Psychoanalyse mit der Katharsismethode aus.

Rogers hat versucht sich von Freud abzusetzen, es blieb aber viel Freudsches Gedankengut an ihm haften. Zum

Beispiel versucht er, sich durch die Vermeidung Freudscher Terminologie von ihm abzuwenden. Man denke an den Begriff der Verdrängung und ihrer Auflösung, die Rogers in seiner Terminologie etwa so beschreibt: " Wenn das Individuum alle seine Körper- und Sinneserfahrungen in ein konsistentes und integriertes System aufnimmt, dann hat er notwendigerweise mehr Verständnis für andere, und verhält sich gegenüber anderen, mit mehr Akzeptanz.

Wenn das Individuum mehr von seiner Selbststruktur wahrnimmt und akzeptiert, merkt er sein gegenwärtiges Wertsystem, das weitgehend auf verzerrt symbolisierten Introjektionen beruhte, durch einen fortlaufenden, organischen Wertungsprozess ersetzt ist."

Wenn Freud von unbewussten Phänomenen spricht, die ins Bewusstsein treten müssen, findet man bei Rogers, einen vergleichbaren Gedankengut, wenn von organischen Erfahrungen die Rede ist, die symbolisiert werden sollen.

Hier ist der Einfluss seitens der Psychoanalyse erkennbar.

Eigentlich ist das Gedankengut Rogers durch die Psychoanalyse einerseits und der empirischen Psychologie andererseits beeinflusst. Zudem tritt ein dritter prägender Einfluss der Existentialtheologie **Kierkegaards** aber auch **Sartre** und **Martin Buber**. Dieser dritte Einfluss inkarniert die Ideen Freuds zu dem phänomenologischen Denken Rogers, das sich der empirischen Psychologie gegenübersteht. Es ist entscheidend für eine therapeutische Methode, zu wissen, welche Faktoren als krankmachende und welche im Behandlungsgeschehens als heilend gewertet werden.

Die Klientenzentrierte Gesprächspsychotherapie gibt auf diese Fragen keine, einheitliche Antworten.

Dies erklärt sich einmal daraus, dass im therapeutischen Prozess unterschiedliche Faktoren zusammenwirken, zum anderen werden die Akzente verschieden gesetzt. Gemäß der empirischen Grundeinstellung, hält man sich in der Annahme von Kausalzusammenhängen zurück. Man ist eher geneigt Gleichungen aufzustellen, etwa in der Form: " Je mehr der Klient den Therapeuten als echt erfährt, als emphatisch verstehend, als ihn ohne Bedingungen achtend, um so größer wird der Grad konstruktiver Persönlichkeits-änderung beim Klienten sein".

Als therapeutisches Moment, werden die Katharsis und die Einsicht hervorgehoben. Dieser Gesichtspunkt fand besondere Aufmerksamkeit in der nondirektiven Phase der Gesprächspsychotherapie. Die Sicherheit der therapeuti-schen Situation ermöglicht es dem Klienten, sich Inhalten zuzuwenden, die sonst aufgrund von Angst und Scham der Gewahrwerdung, entzogen sind. Bereits dem Aussprechen solcher Inhalte, und der Abreaktion der damit verbundenen Emotionen, wird befreiender Einfluss zuerkannt. Es kommt zu einer Umstrukturierung des Erlebnisfeldes, die dem Klienten gestattet, zu neuen Integrationsebenen weiter zu schreiten. Und das kann nun wirklich als bewusst machend charakterisiert werden. Darin ist eine Verbundenheit, der Klientenzentrierte Psychotherapie mit der Psychoanalyse unverkennbar. In der Therapie Rogers heißt: Die Schwie-rigkeiten, die der Klient mit seiner Umgebung hat, werden in der therapeutischen Interaktion zu konkreter Gegenwart. Sie treten nicht allein im Klienten auf, sondern rufen ent-sprechende emotionale Reaktionen im Therapeuten, und ähnliche Spannungen in der Interaktion bereit. Diese Erscheinung wird in der Psychoanalyse als Übertragung oder Gegenübertragung interpretiert, in denen sie auf vergangene, besonders frühkindliche Erlebnisse zurückgeführt wird. Nur in der Klientenzentrierte Psychotherapie liegt der Schwerpunkt auf die Auseinandersetzung zwischen zwei einzelnen Personen, im Hier und Jetzt. Dieser Vorgang ist nicht einfach eine Wiederholung von Vergangenem, vielmehr ist es als Vergegenwärtigung eines typischen Konfliktes, in der therapeutischen Situation, etwas Neues und einmaliges. Die Forschung hat sich seit den Anfängen der modernen Psychotherapie, mit der Interaktion Therapeut - Klient beschäftigt. Und hier muss klargestellt werden, dass es nur die Zwei - Personen - Interaktion, wie die klassische Psychotherapie Freuds sie versteht. Die moderne Psychotherapie hat ihre Methode erst im Zuge dieser Bemühungen entwickelt. Man denke an die Herausbildung der psychoanalytischen Methode von der Verwendung der Hypnose über die Katharsis - Therapie, bis zur eigentlichen Psychoanalyse, die durch die Entdeckung und Übertragung erst ihre spezifische Form finden konnte. Es ist seitdem ein Anliegen der Forschung geblieben, den Prozess der Beziehung Therapeut - Klient zu erhellen. Um damit unter Umständen den Therapeutischen Effekt erhöhen zu können: z.B. Persönlichkeits- und Verhaltensvariablen des Klienten, sind Gegenstände der Forschung. Insbesondere interessieren psychische Vorgänge, die den therapeutischen Prozess beinhalten oder fördern, etwa Übertragung und Katharsis in der Psychoanalyse oder wie es heißt Selbstexploration in der Gesprächspsychotherapie.

Rogers schreibt dem Menschen verschiedene psychische Mechanismen zu, die als regulierende Komponenten seiner Psyche anzusehen sind. Der vorrangige Mechanismus ist ein Organismischer Bewertungsprozess, durch den ein Individuum reflektorisch- also unbewusst im Freudschen Sinne- seine ganze Erfahrung als geeignet oder ungeeignet für sein Bedürfnis nach Selbstaktualisierung bewertet.

Das Massenphänomen

Ein Aspekt unter dem das Massenphänomen Neurose betrachtet werden muss, ist das ungeheure Ausmaß an persönlichen leid, persönlicher Not und Elend. Sowie eine hochgradige Beeinträchtigung des Lebensgefühles, das für jeden einzelnen Neurotiker mit seiner Krankheit verbunden ist. Dies mag sich wie eine Selbstverständlichkeit anhören. Aber vielleicht ist es notwendig, einmal darauf hinzuweisen. Es muss dabei beachtet werden, dass die meisten der neurotisch erkrankten Menschen sich nicht einmal darauf berufen können, dass sie krank sind, denn sie wissen es gar nicht. Es hat ihnen keiner gesagt, und sie glauben, sich für ihre ganzes Leben damit abfinden zu müssen. Dass sie bedrückt sind, keinen Kontakt finden, nichts genießen können, kaum etwas leisten können, oder ständig unter unerklärlichen Ängsten und Schmerzen zu leiden haben. Es muss an dieser Stelle betont werden, dass dieses Leiden des Neurotikers nicht mit denjenigen seelischen Spannungen in Form von Erregung, Bedrücktheit, Furcht oder Ärger verwechselt werden darf. Welche, im Verlauf der aus keinem Leben weg zu denkenden alltäglichen Konflikte auftreten, und keinen Menschen erspart bleiben. Die negative Beeinflussung und Prägung der von Neurotikern abhängigen Menschen, hat folgenschwere Auswirkung.

Zwei Überzeugungen sind für den Psychotherapeuten charakteristisch: Die erste besagt, dass die symptomatische Behandlung zur Entwicklung neuer Symptome führe, und damit zur Rückfällen und Symptomverschiebungen. Die zweite besagt, dass für die Heilung neurotischer Störungen Übertragungen wesentlicher seien. Das heißt, die persönlichen Beziehungen, die sich zwischen dem Therapeuten und dem Patienten herstellen, seien entscheidend für die Wiederherstellung der unbewussten Erinnerungen mittels Übertragung der Begleitemotionen auf den Therapeuten. Die Verhaltenstherapeuten sind davon überzeugt, dass eine symptomatische Behandlung zur dauerhaften Wiederherstellung führt. Vorausgesetzt, die autonomen wie die motorischen fehlangepassten konditionierten Reaktionen werden gelöscht. Und sie sind der Ansicht, persönliche Beziehungen seien nicht wesentlich für die Heilung neurotischer Störungen, obgleich sie unter Umständen nützlich sein mögen. Wenn Freud von unbewussten Phänomenen spricht, die ins Bewusstsein treten müssen, findet man bei Rogers einen vergleichbaren Gedankengang, wenn von organischen Erfahrungen die Rede ist, die symbolisiert werden sollen.

Rogers ursprünglich theologisches Interesse hat wie bereits erwähnt, durch die Philosophien von Kierkegaard, Sartre und Buber, eine neue Blickrichtung erhalten.

Das Ziel der Existentialtheologie ist es, den einzelnen zur Fülle des Daseins zu führen. Diese wird verwirklicht durch freie Entscheidung, und bei Kierkegaard durch den Glauben.

Dieser Glaube setzt aber als Triebkraft des Erlebens, die Erschütterung des Menschen durch die Angst voraus. Selbstverwirklichungstendenz und die Angst als zentrales Moment der Neurose sind für Rogers richtungweisend.

Aus Martin Bubers kleiner Abhandlung Ich und Du, übernimmt Rogers den Begriff der Ich und Du - Beziehung, der in jeder seiner Arbeiten zitiert wird.

Bei Martin Buber heißt es z. B.: „ Alles wirkliche Leben ist Begegnung„.

Insofern hat sich der ursprüngliche Konflikt Rogers zwischen Freud und die Lerntherapie verschoben. Aber der Widerspruch zwischen phänomenologischen und reduktiven Denkmethoden bleibt für Rogers eine der zentralsten und brennenden Fragen überhaupt.

In Lernen im Freiheit sagt er dazu wörtlich: Ein Teil gegenwärtigen Lebens besteht darin, sich dem Paradox zu stellen, dass von der einem Seite her gesehen der Mensch eine komplexe Maschine ist. Mit jedem Tag nähern wir uns einem genaueren Verständnis und einer genaueren Kontrolle dieses objektiven Mechanismus, den wir Mensch nennen. Auf der anderen Seite, in einer anderen wichtigen Dimension seiner Existenz, ist der Mensch subjektiv frei. Von rein persönlicher Entscheidung und Verantwortung, hängt die Form seines Lebens ab. Er ist tatsächlich Architekt seines Lebens. Ein wahrlich entscheidender Teil in seinem Leben ist die Entdeckung, seiner persönlichen sinnvollen Hingabe an das Leben aus der Ganzheit seines Wesens. Hier, wäre ein eventueller Einwand angebracht: Aber diese Ansichten können doch nicht beide richtig sein! Das ist wahr. „ Dies ist ein tiefes Paradox, mit dem zu leben wir lernen müssen."

Weil Rogers dies als unauflösliches Paradox erkennt, kann er es auch verantworten, auf beide Klaviaturen zu spielen: In der Therapie eine uneingeschränkten Ich - Du - Beziehung, in der Wissenschaft als Erforscher der Gesetzmäßigkeiten menschlicher Freiheit. Die Tendenz zur Aktualisierung ist ein weiterer wichtiger Teil von Rogers Menschenbild.

Der Mensch ist fähig zu wachsen und sich zu entwickeln. Dieses wesentlich menschliche Charakteristikum sollte die

Psychotherapie berücksichtigen, in dem sie den Menschen frei macht für weiteres Wachstum und Entwicklung. Im Laufe der Jahre verdichtete Rogers diese Überzeugung dahingehend, dass er von einer angeborenen Tendenz spricht, sich in Richtung auf Wachstum, Gesundheit, Anpassung, Sozialisierung, Selbstverwirklichung, Unabhängigkeit und Autonomie zu bewegen.

Demnach gibt Rogers zu verstehen, dass der Patient eine voll funktionsfähige Person ist, die mit all ihren Gefühlen und Reaktionen lebt. Alle Erfahrungen offen aufnehmen, flexibel auf sich ändernde Ereignisse einstellen und sich selbst als Maßstab ihres Verhaltens setzen kann.

Für den Freudianer ist der Mensch ein irrationales Wesen, das unter der Herrschaft seiner Vergangenheit und des Produktes dieser Vergangenheit, des Unbewussten, steht. Die psychoanalytische Auffassung ist beeinflusst von den mechanistischen Vorstellungen des 19. Jahrhunderts und betrachtet den Menschen als hydraulisches System, dessen Triebenergie durch das Öffnen und Schließen von Ventilsystemen in einem Gleichgewichtszustand gehalten wird. Von dem existentialistischen Standpunkt aus, lebt der Mensch nicht in einer objektiven Welt, sondern in unmittelbarer Begegnung mit einer Welt, wie er sie wahrnimmt. Für ihn ist das Phänomenale Feld, das Zentrum seines Erlebens. Sein Verhalten besteht in zielgerichteten Bemühen des Organismus, die Befriedigung der Bedürfnisse im wahrgenommenen Feld, wobei die Art der begleitenden Gefühle von der subjektiven Bedeutung des Suchverhaltens und der Bedürfnisbefriedigung abhängt. Dem Organismus ist ein Streben nach Selbstentfaltung und Aktualisierung gegeben.

Verhaltensmodelle

Eine große Anzahl von sozialen Verhaltensweisen wird vom Kind erworben, ohne dass sie ihm ausdrücklich beigebracht, erklärt oder von ihm gefordert werden. Es beobachtet eine bestimmte Verhaltensweise einer anderen Person, übernimmt sie und reproduziert sie mehr oder weniger abgewandelt in einer anderen Situation. Für diese Lernweise gelten folgende Bedingungen:

Ähnlichkeit zwischen Modell und Beobachter. Ähnlichkeit bedeutet hier, dass der Beobachter Verhalten am Modell wahrnimmt, das er auch selbst realisieren möchte. Es wird partielle oder volle Übereinstimmung in Bedürfnissen, Interessen, Meinungen, Alter, Geschlecht, Rolle usw. erlebt.

Je intensiver die emotionale Beziehung zwischen Beobachter und Modell - vor allem vom Beobachter aus – ist, desto höher ist die Wahrscheinlichkeit der Verhaltensnachahmung.

Konsequenzen des Verhaltens:

Ob neue Verhaltensweisen durch Beobachtungslernen oder nicht verstärkenden Konsequenzen dieser übernommen werden, wird weitgehend von den verstärkenden Verhaltensweisen beeinflusst. Wird die Wahrscheinlichkeit, dass eine neue Verhaltensweise verstärkt wird, vom Beobachter hoch eingeschätzt, so erwirbt er sie eher als im umgekehrten Falle.

Stellvertretende Verstärkung:

Der Beobachter nimmt wahr, welche Konsequenzen das Verhalten des Modells selbst aufweist. Wird es z. B. in einem Film belohnt, dann kann dies genügen, dass es von einem

Beobachter durch Beobachtungslernen übernommen wird. Wird es im Film bestraft, dann ist die Wahrscheinlichkeit gering, dass es ein Beobachter übernimmt.

Sozialer Status des Modells:

Personen die einen höheren Status als der Beobachter haben, werden eher nachgeahmt als solche mit gleichem oder niedrigerem Status.

Soziale Macht des Modells:

Diese, ist normalerweise mit dem sozialen Status verbunden. Soziale Macht äußert sich darin, dass diejenige Person, die sie hat, Belohnungen oder Bestrafungen verteilen kann, z. B. Eltern, Lehrer und Erzieher. Dabei ist es gar nicht notwendig, dass der Beobachter von diesen Belohnungen oder Bestrafungen direkt betroffen ist.

An der Modifikation des Verhaltens ist neben dem Lernen hauptsächlich das Wachstum beteiligt: Wenn eine Abfolge von Verhaltensweisen unabhängig von zwischendurch stattfindender Übung über gesetzmäßige Stadien hinweg heranreift, so spricht man von einer nicht durch Lernen, sondern durch Reifung gekennzeichnete Entwicklung. Wenn die Entstehung von Verhaltensweisen sich durch Übung nicht beschleunigen oder nicht verändern lassen, so sind diese nicht auf Lernvorgänge zurückzuführen.

Manche Verhaltensweisen lassen sich nicht eindeutig einstufen, wenn sie sich in einem Wechselspiel zwischen Reifung und Lernen entwickeln. Dies lässt sich an der Sprachentwicklung des Kindes veranschaulichen.

Das Kind lernt sprechen, erst wenn es alt genug dazu ist. Es lernt aber nur die Sprache die es hört.

- Um sicher zu sein, dass es so ist, hat man im Mittelalter, grausamer Versuche vollzogen. Unbarmherzig und ohne jegliche Skrupel, wurden Neugeborene gleich eingekerkert. Sie wurden gefüttert und gepflegt, mit der Vorgabe, dass, das Pflegepersonal die Kinder nicht ansprechen dürfte. Das Ergebnis war, nach unserm heutigen Verständnis, einfach kriminell. Die Kinder wurden zum ewigen Stillschweigen verurteilt.

In solchen Fällen besteht die Schwierigkeit darin, die Wirkung der Reifung und die des Lernens voneinander abzugrenzen.

Wenn eine Tätigkeit schnell ausgeführt wird und die Ausführung sich öfter wiederholt, so zeigt sich bei der jeweiligen Person ein Nachlassen an Spannkraft, Reaktions-Vermögen und Konzentration, das man gewöhnlich auf Ermüdung zurückführt. Verhaltensänderungen dieser Art werden in den Laboratorien der experimentellen Psychologie mit Leistungsabnahme bezeichnet. Also, mit fortschreitender Anzahl der Wiederholungen, nimmt die Leistung ab, erholt sich aber in den Ruhepausen.

Das geht aus Untersuchungsergebnissen, die in Gaussische Auswertungskurven dargestellt sind. Demgegenüber pflegt man aus Lernkurven hervorzuheben, dass mit Ruhepausen ein Vergessen einhergeht. Das Problem ist das gleiche wie das der Unterscheidung der durch Reifung und Lernen verursachten Verhaltensänderungen.

Der Lernprozess muss immer etwas aus der Leistung erschlossenes bleiben. Es entsteht nur Verwirrung, wenn Leistung und Lernen einander gleichgesetzt werden. Das wird durch den Hinweis auf die Leistung unter dem Einfluss von Drogen und Giftstoffen deutlich. Die Tatsache, dass gelerntes Verhalten ausfällt, wenn sich der Organismus in einem derartigen Zustand befindet, besagt nicht, dass hier ein Vergessen vorliegt.

Wenn nämlich der Normalzustand wiederhergestellt ist, so kann die Leistung auf ihrem normalen Niveau zurückkehren, obwohl zwischendurch keine Übung stattgefunden hat.

Lerntherapie

Die Lerntherapie hatte viele Begründer, insbesondere C. Hul, J. Dollard, N. Miller und E. Schoben, alle waren brillante Psychologen. Doch ihre Vorgänger waren die russischen Wissenschaftler **Ivan Pawlow** und **Wladimir Bechterew**. Heute wird die Lerntherapie ausgiebig praktiziert und zwar weltweit, als konventionelle und zum Teil als radikale Behandlung.

Die auf der Lerntheorie beruhende Therapie geht von der Annahme aus, dass der menschliche Organismus seine Persönlichkeit primär durch Verhaltensweisen erwirbt, die er bewusst und reflektorisch von seiner sozialen Umwelt lernt.

Der Lernprozess kommt zustande durch das Zusammenwirken von vier wichtigen Mechanismen, Instinkt oder Trieb, Signal- oder Hinweis- Reiz, Reaktion und Verstärkung, dies verläuft in Übereinstimmung mit den Funktionsweisen der angeborenen Ausstattung des menschlichen Organismus. Nach der Lerntherapie ist Konflikt die Tendenz des menschlichen Organismus, zwei oder mehrere miteinander unvereinbare oder widersprüchliche Reaktionen gleichzeitig auszuführen.

Neurosen entstehen aus Konflikten, die sich während des Lernprozesses ergeben. Demnach ist Neurose ein Verhalten, das aus der Tatsache resultiert, dass man sich zwei oder mehreren unvereinbaren Reaktionen zugleich gegenübergestellt sieht.

Es werden vier Arten von Konflikte unterschieden:

Appetenz-Appetenz-Konflikt:

Dies ergibt sich, wenn ein Mensch dazu angetrieben wird, sich zwei oder mehreren gewünschten, aber auseinander liegenden Gegenständen oder Zielen zu nähern, und dabei weiß oder fühlt, dass die Erreichung des Ziels zur Folge hat, dass er das andere Ziel oder die anderen Ziele nicht erreicht. Ein typisches Beispiel für diese Art des Konflikts, ist der Buridanische Esel, bzw. das Beispiel von **Aristoteles.**

Aversions-Aversions-Konflikt:

Das geschieht dann, wenn ein Mensch dazu angeregt wird, zwei oder mehrere unerwünschte Ziele zu vermeiden, weil sie Furcht oder eine andere Form von Unlust erregen. Der Mensch weiß oder fühlt indes, dass die Vermeidung eines Ziels ihn zwingen wird, das andere hinzunehmen. Zum Beispiel, eine unglücklich verheiratete Frau, die vor den Konsequenzen einer Scheidung zurückschreckt, und doch bei dem unbeliebten Mann bleibt.

Appetenz-Aversions-Konflikt:

Dies trifft ein, wenn etwas gewünscht und gleichzeitig gefürchtet wird. Ein solcher Konflikt hat negativen Einfluss auf das Verhalten, und ist erheblich unangenehmer als die beiden vorangegangenen.

Doppelter oder multipler Appetenz-Aversions-Konflikt: Wenn zwei oder mehrere spezifische Appetenz-Aversions-Konflikte sich miteinander vermengen. In diesem Falle verschärft sich die negative Auswirkung auf das Verhalten. Die Lerntherapie sieht es als ihr Ziel an, die falschen oder fehlangepaßten psychischen und emotionalen Gewohnheiten, die der Neurotiker gelernt hat, zu löschen. Da neue Gewohnheiten nur unter neuen Bedingungen gelernt werden können, müssen die fehlangepassten Verhaltensweisen beseitigt und neue Lernsituationen geschaffen werden.

Mit viel Geduld und Zuwendung, bietet die Lerntherapie den Patienten, eine angenehme Atmosphäre, wo er zum freien Assoziieren angeregt wird. Unter der Maßgabe dass Gedanken und Gefühle geäußert werden, mit denen man im täglichen Leben nicht konfrontiert wird, -weil die Neurose dies verhindert-, soll dadurch schrittweise die damit verbundene Furcht ausgelöscht werden. Diese Technik stützt sich auf eine Theorie, die besagt: Wiederholung. Die Lerntherapie glaubt, dass abgesehen vom Aussprechen ehemals tabuisierte Gedanken und Gefühle von ihrer Etikettierung, und der Diskussion darüber eine zweite wirksame Methode der Gegenkonditionierung darin besteht, dass der Therapeut selektiv wiederholt was der Patient sagt. Oder den Patienten selektiv auffordert, gewisse wichtige Begriffe zu wiederholen. Dies soll der gegenkonditionierende Prozess fördern.

Die Freudsche Technik der Deutung ist eine weitere Methode, die vom Lerntherapeuten angewandt wird, wenn auch auf unterschiedliche Weise. Sie wird als Technik verwendet, um neue verbale Einheiten zu lehren. Der Therapeut sieht es als seine Aufgabe an, die Art und Weise zu verändern, wie der Patient auf gewisse Signale reagiert. Anschließend wendet der Therapeut eine weitere Technik an, die, Hinweisdifferenzierung genannt wird. Um das Ziel der Therapie zu erreichen, versucht der Therapeut, dem Patienten beizubringen, zwischen früheren furchterregenden Hinweisen und gegenwärtigen ähnlichen Hinweisen zu differenzieren, die keine reale Gefahr darstellen, aber dennoch Furcht auslösen. Die abschließende Technik der Lerntherapie, ist die Gesprächstherapie in der dem Patienten gezeigt wird, wie das in der Therapie Gelernte im wirklichen Leben zu verwenden ist.

In vieler Hinsicht ist die, der Verhaltenstherapie zugrunde liegende Theorie, eine Erweiterung der Lerntheorie. Beide sind sich darüber einig, dass sich menschliches Verhalten auf umweltbedingtes Konditionieren zurückzuführen ist. Aber es bestehen trotzdem grundsätzliche Streitfragen.

Es handelt sich um die Frage, ob Verhalten, eine primär durch Hinweis-Konditionierung gelernt wird, oder durch die konditionierten Konsequenzen von Reaktionen auf Hinweise. Die zweite Streitfrage hängt mit der ersten zusammen und dreht sich um die richtige Behandlungs-Methode.

Die Verhaltenstherapie lehnt die Gesprächs - und Analysemethode ab und hält alle anderen Formen der Psychotherapie für völlig nutzlos. Das begründet sie damit, dass das menschliche Verhalten nichts mit Psyche, Unbewusstem und anderen geheimnisvollen, ihrer Ansicht nach, mythologischen Kategorien der konventionellen Psychotherapie zu tun habe. Die Verhaltenstherapeuten wehren sich sogar dagegen, als Psychotherapeuten angesehen zu werden.

Die Verhaltenstherapie behauptet: Wenn jemand abweichenden Verhalten an den Tag legt, dann liegt sein Versagen an der sozialen und materiellen Umwelt, die sein Verhalten determiniert, und nicht an ihm selbst. Das heißt, wird die Umwelt verändert, dann werde damit auch das Verhalten des einzelnen verändert. Es wird ferner behauptet: Wenn das Verhalten eines einzelnen Individuums durch die Techniken der verhaltensmodifizierenden Therapie verändert werden kann, dann kann auch das Verhalten einer ganzen Gesellschaft verändert werden.

Im Wesentlichen betrachtet der Therapeut abweichendes oder neurotisches Verhalten als übermäßig konditionierte Reaktionen. Und neurotische Symptome einfach als gelernte Gewohnheiten.

Es gebe keine Neurose, die einem Symptom zugrunde liegt, sondern nur das Symptom selbst. Daher ist das Symptom das einzige Angriffsziel der Verhaltenstherapie. Sie will durch die Anwendung von, im Laboratorium geprüften Gegenmaßnahmen die neurotischen Symptome unmittelbar beseitigen.

Die Techniken sind mit denen der Lerntherapie ähnlich, nur manche heißen eben anders: Desensibilisierung, Aversionstherapie und positive Verstärkung. Der Therapeut sieht eine einzige Möglichkeit ein neurotisches Verhalten zu ändern, darin, dass gewohnheitsmäßige Zwanghaftigkeit und ihre entsprechende Verstärkung zu durchbrechen.

Da in erster Linie die Verstärkung, das Zwangsverhalten zur Gewohnheit machte, muss bei dem Verstärkungsprozess eingesetzt werden. Also, zwanghaftes Verhalten wird mit negativer Verstärkung bestraft, bis die Gewohnheit desensibilisiert und gelöscht ist und sich durch eine Ersatzgewohnheit zu äußern sucht. Wenn das Individuum zu der Überzeugung kommt, dass die neue Gewohnheit vorteilhafter ist, wird diese mit derselben positiven Verstärkung gefördert, die, die unerwünschte Gewohnheit begründet hatte.

Nach den herkömmlichen Lernbegriff, schließt man aus einem Unterschied, der zwischen den Lernleistungen eines Menschen, bevor und nach dem er einer Lernsituation ausgesetzt wurde, besteht, dass Lernen stattgefunden hat. Während Lernen im Sinne von Verhaltensänderung, jeder relativ überdauernde Änderung des Verhaltens, als Lernen bezeichnet wird.

Lernen wird heute in die Ganzheit der Person eingelagert gedacht, umgekehrt wird der Lernvorgang innerhalb des Werdens der Person, eine zentrale Rolle zugeschrieben. Das heißt jede Art des Lernens ist gleichzeitig eine Art, Eigenschaften zu bilden oder zu ändern; daher erscheint es möglich, das Problem der Persönlichkeitsentwicklung mit dem Lernproblem gleichzusetzen: Wenn das Kind lernt, lernt das ganze Kind. Man ist sich heute darüber einig, dass Lernen, eine durch Erfahrung im Gang gebrachte Veränderung der Verhaltens- und Leistungsformen bewirkt. Insgesamt gesehen hat sich vor allem erwiesen, dass Lernen, nicht als Person unabhängige Funktion einer isolierten Gedächtnisfähigkeit verstanden werden darf. Sonder, dass jeder Lernprozess als ein Produkt des Zusammenwirkens vieler Bedingungen aufzufassen ist. Insofern hängen Lernleistungen auch nicht ausschließlich von einer umschriebenen Fähigkeit, von einem einzelnen Merkmal des Lernstoffes oder von der gewählten Lehrmethode ab. Entscheidend dafür ist vielmehr die Persönlichkeit des Lernenden, deren vielfältige Fähigkeiten und Vorerfahrungen, die Bedürfnisse und Bezüge, die Erwartungen und Befindlichkeiten in Wechselwirkung mit den mannigfaltigen Eigenschaften des Lernmaterials und den Besonderheiten der erlebten Lernsituation.

Nun, um den Beitrag des Wachstums an die Verhaltensmodifikation nicht ganz zu vernachlässigen, ist folgende Aussage von großer Bedeutung:

Mit Wachstum ist zunächst die Fortentwicklung des Körpers gemeint.

Wachstum und Reife

Wachstum besteht in der Tatsache einer stetigen Gewichts- und Größenzunahme des Kindes, die individuell verschieden, mehr oder weniger regelmäßig, und etwa um das zwanzigste Lebensjahr allgemein zum Stillstand gelangt. Die Gewichtszunahme kann auch im späteren Jahre auftreten. Das Ende des Größenwachstums bedeutet noch lange nicht das Ende des Wachstums überhaupt. Vielmehr finden im Organismus das ganze Leben hindurch Wachstumsprozesse statt, z. B. die Erneuerung der Zellen.

Die Lebensperioden

Alter	Bezeichnung	Akt. Erlebnisse
v. d. Geburt – 1 Jahr	orale Phase	der Mund als
		Mittelpunkt
1 – 3 Jahre	anale Phase	1. Soz. Anpassung,
		Dressur
Kleinkindalter		Sauberwerden
3 – 7 Jahre	genitale Phase	Entdeckung des eigene
Vorschulalter		Geschlechtsorgan
	phallische Phase	Entdeckung des
		anderen
		Geschlechtsorgan
	Ödipus-	
	Elektrakomplex	
	Ödipale Phase	1. Dicken –
		Längenwachstum
		Spielperiode

7 – 12 Jahre	latente u. intellekt.	Wissensdrang u. 2
Schulkindalter	Periode	Dicken-
		Längenwachstum
12 – 18 Jahre	soziale Periode	Wahrnehmung der
Pubertät		Sexualfunktion
18 – 21 Jahre	Adoleszenz	soz. Orientierung,
Jugendjahre		Weichenstellung für die
		Zukunft
21 – 45 Jahre	Juventus	die Zeit der höchsten
Erwachsenenalter		Schaffenskraft
45 – 55 Jahre	Virilitas	der Zweifrontenkampf
	Wechseljahre	
	Midlife Crisis	
55 – 65 Jahre	Präsenium	Stillstand, Abbau,
		Ergebung
	Vorstufe Lebensabend	
65 – und älter	Senium	Individuation
hohes Alter	die Ausscheidung aus dem Leben	

Diese Veränderungen stellen eine Abfolge dar, die nicht umkehrbar ist, und zwar deshalb, weil in echte Reifungsprozesse jede der aufeinander folgenden Phasen die jeweils vorausgehende zur Bedingung hat.

Zu den wichtigsten Reifungsprozessen gehört die Reifung der Körperbewegungen. Das ganze Leben hindurch gibt es Reifung und Entwicklung. Einer der wichtigsten Faktoren, und nicht wegzudenkende Begleiterscheinung, die, Reifung und Entwicklung beeinflusst, ist die Sexualität.

Die Entwicklungsfortschritte des Menschen sind fast niemals ausschließlich ein Resultat der Reifung, sondern auch der Erfahrung. Aus diesem Grunde sind die Ausdrücke Reifung und Entwicklung zu unterscheiden.

Reifungsbedingt ist am Entwicklungsfortschritt, was der Organismus als solches dazu beiträgt. Zum tatsächlichen Entwicklungsfortschritt gehört außer der Reifung auch die Umwelteinwirkung, welche die Reifung in Erfahrung umwandelt.

Reifung bezeichnet je nach dem Zusammenhang, verschiedene Lebensstufen des Menschen, wie: die Geschlechtsreife (Pubertät) die charakterliche und geistige Reife, eine Fähigkeit, trotz die eigenen Wünsche, die Realität zu erkennen und nach dem Vernunft zu handeln. Dies wird auch soziale Reife genannt.

Entspricht die Geschlechtsreife dem Frühling und die soziale Reife dem Sommer, so beginnt mit dem reifen Leben der Herbst als Erntezeit. Die drei Stufen der Reifung zeigen die Schwierigkeiten des Menschen in den Kulturen, aber auch seine besonderen Möglichkeiten.

Durch die Fortschritte der Hygiene und der medizinischen Kenntnisse, ist nicht nur die Lebensdauer verlängert, sondern auch der Abbau offensichtlich verzögert worden.

Unter Reifung ist eine bestimmte Art von Veränderungen, die in den körperlichen Strukturen und Funktionen ebenso wie im Verhalten von Lebewesen, ihr ganzes Leben hindurch stattfinden, zu verstehen.

Die Reizüberflutung und das veränderte seelische und geistige Klima, die stärkere Erregung des vegetativen Nervensystems und die relativ eiweißreiche Ernährung, haben zu einer Akzeleration der biologischen Reifung geführt. Hinzu kommt die Revolutionierung der Verkehrsverhältnisse, die eine stärkere Durchmischung der Bevölkerung und des Erbgutes zustande bringt. Einfach, zivilisationsgebundene Faktoren der Akzeleration.

Ein Grund mehr, um sich mit der sexuellen Aufklärung zu beschäftigen.

Die Sexualerziehung sollte schon bei der Reinlichkeits-Erziehung - anale Phase - ihren Anfang finden, weil sonst die Gefahr besteht, dass der Ekel gegenüber den Ausscheidungen auf die sexuellen Vorgänge übertragen wird. Zumindest in dieser Hinsicht herrscht Einigkeit.

Als sexuelle Aufklärung, ist die Vermittlung sexuellen Wissens in der Kindererziehung zu verstehen. Sie soll dem Gefühl bestimmte Vorstellungen, namentlich den von Wünschen und Ängsten bedingten kindlichen Sexualvorstellungen, eine Erkenntnis der Realität entgegenbringen. Die sexuelle Aufklärung, und das hat die Erfahrung gezeigt, bietet Heranwachsende die Möglichkeit sich vor Gefahren zu schützen. Freilich bringt die Aufklärung eine Möglichkeit zur Entscheidungsfreiheit mit sich, wie sie eine autoritäre Auffassung nicht dulden kann, oder will. Sexualerziehung aber, ist ein Prozess der Vorbereitung des Heranwachsenden zur Bewältigung der bevorstehenden Probleme der Sexualität. Sie ist ein wesentlicher Bereich der Gesamterziehung der sozialisierten Persönlichkeit. Ziel der sexualerzieherischen Einwirkung ist es, den einzelnen zu befähigen, durch die Beziehungen und den Beziehungen zum anderen Geschlecht eine sinnvolle und glückhafte Steigerung seines Daseins zu finden.

Denn, der Einsatz puberaler Umbruch, lässt sich erstmalig an der Auflösung der vollkindlichen, harmonischen Struktur erkennen. Infolge des bereits erwähnten Längenwachstums zerbricht die bisherige Harmonie der Gestalt. Die hierdurch aufgelöste Ungeschicklichkeit der Bewegungen und Unsicherheit in der Objektorientierung, werden noch verstärkt durch die mit den Umstellungen der vegetativen Funktionen verbundene körperliche und seelische Unruhe. Fast alle Lebensäußerungen erhalten dadurch den Charakter der Unruhe, und Zerstreutheit. Dies bildet eine schlechte Voraussetzung für die Beziehungen des Jugendlichen zu seiner Umwelt. Die Ablaufbedingte Funktionssteigerung der Geschlechtshormone, sorgt beim Knaben für die erste unwillkürliche Samenausstoßung „ Ejakulation „ als Pollution, beim Mädchen die erste Menstruation „ Menarche". Darüber hinaus, bewirken die Geschlechtshormone, die Ausprägung der sekundären Geschlechtsmerkmale, die der Beobachtung leicht zugänglich sind. ZB. Die Stimmentwicklung, der oft stark hervortretender Schild- und Ringknorpel, die Schwellung der Brustwarzen, der Oberlippenflaum und die Axillarbehaarung, sowie allgemein virile Teilzüge sind erkennbar.

Die Pubertät erstreckt sich beim Knaben zwischen dem 8. und 14., beim Mädchen zwischen dem 10. Und 16. Lebensjahr. Ihr Beginn hat sich unter dem Wohlstandsverhältnis, deutlich verfrüht „ Akzeleration „.

Zu den Aufgaben, die der junge Mensch während der Pubertät leisten muss, gehört die Orientierung des Knaben als „ Mann „, des Mädchens als „ Frau „.

Beide Geschlechter müssen sich mit dem Verhalten auseinandersetzen, das ihnen als Geschlechterrolle vorgeschrieben zu sein scheint. Das schließt ihre Beziehung zum jeweils anderen Geschlecht ein. In der Unsicherheit des Überganges besteht oft eine Scheu zwischen den Geschlechtern. So stellt die Pubertät eine Periode der Passion gleichgeschlechtlicher

Freundschaften dar, sei es zwischen Altersgenossen, sei es zu Älteren, die als Lehrer oder Vorbilder angesehen werden. Angesichts des offen zutage tretenden Bruchs, zwischen gesellschaftlichen und sittlicherzieherischen Ethos, wird den Pubertierenden oft schwer gemacht, volles Vertrauen sowohl zu den Autoritätspersonen als auch zu den gesellschaftlichen Ordnungen zu gewinnen.

Typische Ausflüchte aus den Konflikten, die sich während der Pubertät so scharf stellen, sind Isolation, Wachträume, Schwärmerei und utopischer Idealismus, aber auch Wanderlust bis zu kopflosen Flucht aus der vertrauten Umgebung. Es reicht von Bindungen an rebellische Gruppen, bis zu seelischen Krankheiten.

Sexualverhalten durch die Geschichte

Es ist schon merkwürdig und zugleich bedauerlich, dass das Studium der Sexualität gerade von den Geschichtsschreibern, vernachlässigt wurde. Wahrscheinlich sogar bewusst verschwiegen, um vielleicht nicht auf den Scheiterhaufen zu enden. Denn, man kann durch unzählige sozialhistorische Darstellungen blättern, und man wird feststellen, dass sexuelle Fragen gar nicht mal gestellt werden. In einigen Geschichtsbücher des griechischen Altertums, die, ins französische, italienische, ja sogar ins arabische übersetzt worden, erfährt man über die Homosexualität bei den Griechen.

Nachschlagewerke der klassischen Altertums-Wissenschaften verschweigen, dass, wenn Platos von Liebe spricht, damit Homosexuelle Liebe gemeint ist.

Von den Erlebnissen Xenophons mit seiner Armee, ganz zu schweigen. Zum Teil verständlich, wenn Geschichtsbücher für das Schulsystem zensiert, und von anstößigem filtriert werden.

Es dürfte deshalb von Nutzen sein, den Verlauf der Entwicklung zu betrachten, der zu unserer heutigen Verhaltensweise geführt hat.

Unser Sittenkodex muss grotesk erscheinen, wenn auch nicht grotesker als die der meisten früheren Epochen. Aber so unvernünftig sie vom Standpunkt der Ethik aus sind, vom psychologischen her zeigen sie eine verwurzelte Übereinstimmung und spiegeln einige Konflikte der menschlichen Psyche wieder. Beim Studium der Sexualität durch die

Geschichte, müssen wir ständig zwischen der geschminkten und der wirklichen Situation unterscheiden. Dies ist umso schwieriger, wenn Tatsachen durchweg verheimlicht und verzerrt werden. Selbst heute, da wir uns für so emanzipiert halten, verschweigen unsere Geschichtsbücher die Tatsachen, die den Historikern unerfreulich anmuten. Aber die Meinung, sexuelle Gewohnheiten und Wünsche seien hermetisch von der Geschichte abgeschlossen, ist seit langem nicht mehr haltbar.

Es ist fragwürdig, sogar unverständlich, wenn elementare Tatsachen wie Eros und Thanatos umgangen werden, die in jeden Menschen verkörpert sind.

Wenn wir Titelblätter und Inhalte der Illustrierten in den letzten dreißig Jahren vergleichen, stellen wir fest, dass erotische Bilder und erotisch erregende Themen einen immer größeren Anteil haben. Die Kinos spezialisierten sich immer mehr auf Filme der Nacktheit, Filme, die offen und schockierend erscheinen, zugleich Tabus brechend.

Die Mode erscheint immer freizügiger und gewagter. In der Werbung wird stärker mit der erotischen Reizbarkeit von Mann und Frau gespielt, das Erotische wird in den Dienst des Verkaufes gestellt. Ich mag mich wiederholen, aber wir kommen nicht daran vorbei, zu gestehen, dass sich in unserer Zeit, alles in sehr viel stärkerem Maße wandelt, als je in der Geschichte der Menschheit der Fall war. Es erscheint uns so natürlich zu sein.

Eine Parallele hierzu, ist in der Renaissance wieder zu finden, sie war schon ein Vorspiel dieser Entwicklung.

Mit der Proklamierung von Freiheit, Gleichheit und Brüderlichkeit als die Grundrechte der Menschheit, hat die französiche Revolution, die geistige Richtung bereits angelegt. Naturwissenschaft und technischer Fortschritt haben sie zu ihrem heutigen Bestand fortgeführt. Frau und Kind haben sich emanzipiert, das Patriarchat verlor nach und nach seine Geltung.

Für die Kinder bedeutet dies das Problem der Bundenbildung, für die Frau, das der Gleichberechtigung mit all den Schwierigkeiten aus der Tatsache, dass die Frau von Natur aus, in ihren körperlichen und geistigen Funktionen den Mann nicht gleich ist. Für die Familie wird es zum Problem des Zahlvaters, der Kochmutter und der Schlüsselkinder. Alle Gemeinschaften haben sich in Individuen emanzipiert. Auch die Sexualität und ihre Moral haben sich emanzipiert, wobei die Verhältnisse gerade für sie besonders kompliziert werden dadurch, dass sie auch andere Kriterien der Emanzipation umfasst, die sich in ihr auflösen.

Es ist ein Chaos aus den alten Anschauungen geworden, das mit der heutigen Vernunft nicht mehr vereinbar ist. Es ist ja auch nicht anders zu erwarten, dass die Gesellschaft vor einem Unterfangen ins nächste rennt. Denn die Geheimnistuerei und vorgefasste Meinungen über Jahrhunderte hindurch, erschweren jede sachliche Diskussion, um Tabus zu durchbrechen.

Man pflegt den Begriff Sexualität als Selbstverständlichkeit zu gebrauchen. Dabei handelt es sich um eine Vielfalt komplexer Strebungen aus Natur und Gesellschaft. Der Geschlechtstrieb, die Fortpflanzung, die Lust, die Sucht, die Prostitution, die Ehe und die Liebe unter Berücksichtigung der Geschlechtsunterschiede, sind Einzelelemente des Komplexes. Allen Trieben sind für ihre Auswirkungen von der Natur Grenzen gesetzt. Für Essen und Trinken ist es der Zwang zur Arbeit und die Sorge um das tägliche Brot, die den Trieb unter normalen Verhältnissen nicht zur Trunksucht oder Ess-Sucht entarten lassen. Wobei auch hier, eine erschreckend steigende Tendenz festzustellen.

Viel komplizierter liegen die Verhältnisse im Bezug auf den menschlichen Geschlechtstrieb. Freud sagte bekanntlich dazu: „ Die, von direkter Befriedigung abgetrennten Triebansprüche, werden genötigt neue Bahnen einzuschlagen, die zur Ersatzbefriedigung führen, und können während dieser Umwege desexualisiert werden, die Verbindung mit ihren ursprünglichen Triebzielen lockern. Die Triebsublimierung ist ein besonders hervorstehender Zug der Kulturentwicklung. Sie macht es möglich, dass höhere psychische Fähigkeiten, wissenschaftliche, künstlerische und ideologische, eine bedeutende Rolle im Kulturleben spielen. Wenn man dem ersten Eindruck nachgibt, ist man versucht zu sagen, die Sublimierung sei überhaupt ein von der Kultur erzwungenes Triebschicksal.»

Jedenfalls wird auf diese Weise vieles von unserm hochgeschätzten Kulturbesitz, auf Kosten der Sexualität durch Einschränkung sexueller Triebkräfte erworben. Die Zivilisation hat für die Sexualität neue und besondere Bedingungen geschaffen, deren Auswirkungen im Zusammenhang mit Gesellschaft und Kultur im Einklang stehen. Die Emanzipation der Frau und die Veränderung der Ehe- und Familienstruktur sind Tatsachen, welche die Bedingungen des Zusammenlebens und der Moral stetig verändern. Die Sexualität ist wie gesagt, eine komplex verschiedenster Strebung, reguliert durch die jeweilige Gesellschaftsmoral. Sie hat in der Geschichte viele Wandlungen erfahren und stellt heute ein vielfarbiges Gebilde von Meinungen und Haltungen dar, die auf vergangenes zurückzuführen sind.

Ein widerspruchsvolles System von Gesetzen und Verboten, in vielen Fällen unehrlich und bewusst verlogen.

Es gibt einen Ausspruch schon des alten **Goethe**, der zugleich zeigt, dass unsere Zeit doch nur fortsetzt, was bereits früher so war, wenn auch nicht in dem heutigen Ausmaß und Bedrängnis.

„ Man hört so oft über weit verbreitete Immoralität in unserer Zeit klagen, und wusste ich nicht, dass irgendeiner, der Lust hatte, moralisch zu sein, verhindert würde, es nur umsomehr und mit desto mehr Ehre zu sein „. Goethe, der mit der Moral seiner Zeit auch nicht ganz konform war, hat damit formuliert, was heute wieder als des Wirrwarrs Lösung propagiert wird: Moral ist, was jeder einzelne mit sich selbst ausmacht. Was ich tue, geht niemanden etwas an, solange es nicht die Öffentlichkeit nachteilig berührt.

In modernen Worten sagt das **von Hollander:** „ Die Moral ist nicht untergegangen, aber sie lebt nicht mehr in Gesetzen und Vorschriften, die, die ganze Welt verpflichteten, sondern nur noch im einzelnen, der selbst und frei entscheiden muss, was gut und böse ist „. Eine solche Auffassung ist unser heutigem Individualismus konform, und ist zweifellos für einen weiten Bereich des individuellen Lebens, auch der Sexualität zutreffend. Soweit wir wirklich reif sind, dass wir die Gesamtsituation beurteilen können.

Im ersten Jahrtausend unserer Zeitrechnung war das sexuelle Leben von Notzucht und Blutschande charakterisiert.

Das Volk, das die christlichen Missionare vorfanden, lebte, besonders in den keltischen Teilen, nach einer freien Moral.

Die Kirche versuchte es einem äußert strengen Sittenkodex aufzuzwingen, dessen Anforderungen sie fortwährend verschärfte. Niemals hat sich die Kirche so weit durchzusetzen vermocht, dass ihre sexuellen Vorschriften allgemein befolgt wurden. Die sexuelle Enthaltsamkeit konnte sie mit Ausdauer und eine hartnäckige Verfolgung, in einem Ausmaß erzwingen, dass daraus eine Flut mentaler Störungen erwuchs. Meistens stellt man es sich als eine Zeit ziemlicher Zügellosigkeit vor und weiß auch, dass die Klöster oft Brutstätten sexueller Exzesse waren, aber man scheint darin Verfallserscheinungen zu sehen, die erst gegen Ende der Epoche auftraten.

Im früheren Mittelalter ist freie Sexualität vorzufinden, gegen die, die Kirche zuerst vergebens kämpfte. Später als die Kirche ihr Kontrollsystem verbesserte, zeigten sich im zunehmenden Maße Perversionen und Neurosen. Denn sobald eine Gesellschaft versucht, den Sexualtrieb mehr als der menschlichen Natur verträglich zu drängen, werden sich die Menschen zwangsläufig anderen Formen zuwenden. Den Verboten trotzen, ist zwar mit Gefahren verbunden, jedoch den Psychoneurosen verschiedenster Art, vorzuziehen. Die Kirche erreichte den höchsten Grad an Verbissenheit, als sie die Approbation der Ärzte an sich zog. Denn diese haben es ja gewagt, den einen oder anderen Patienten therapeutisch, zu etwas mehr Beischlaf nahe zu legen. Allein die Tatsache, dass der behandelnde Arzt mit seinem Patienten über Sexualität spricht, schmeckte der Kirche nicht.

Wie sagte man so schön: Vom Paulus zum Saulus Kann der Weg sehr kurz sein, umgekehrt aber auch.

Im vierzehnten Jahrhundert verrät die Kleidung die freie Sexuelle Auffassung. Die Frauen trugen tief ausgeschnittene um die Hüften enganliegende Kleider, und die Brüste einladend hochgeschnürt. Die Männer liebten kurze Jacken, die oberhalb der Geschlechtsteile halt machten. Das männliche Merkmal wurde besonders hervorgehoben durch ein engumschlungenes Strumpfhosenähnliches Kleidungsstück. In England beantragten die Mitglieder des Unterhauses in der Zeit von König Edward der IV. dass „ kein Ritter unter dem Stand eines Lords noch andere Personen ein Gewand, tragen dürfe, das nicht so lang ist, dass er beim stehen die Geschlechtsteile und den Hintern bedecke „. Personen vom Stand eines Lords und höher durften natürlich, tun und lassen was ihnen beliebte. Das paradoxe an der Sache ist, dass selbst die angeblichen Sittenhüter, ihre Kirchenkleidung bis zu den Knien verkürzten. Nach dem Motto „ statt kleckern, gleich klotzen „ machten sie es nach ein Paar Jahrzehnten so kurz, dass nicht mal die Hüften bedeckt waren.

Die Prostitution war außerordentlich weit verbreitet und wurde in den meisten Epochen als natürliches Bedürfnis der Gesellschaft hingenommen. Sie wurde von der Kirche geduldet, und sei deren Meinung nach, eine notwendige Bedingung der allgemeinen Sittlichkeit, gerade wie ein Palast eine Senkgrube brauche, damit nicht der ganze Bau stinke. Die Engländer verschrieben sich besonders der Prostitution. Dazu bemerkte **Bonifatius**: „ Es gibt kaum eine Stadt in Italien, Frankreich oder Gallien, wo man keine englischen Prostituierten findet„. Durch die Kreuzzüge kamen unter anderem die öffentlichen Bäder nach Europa, die eine bequeme Gelegenheit für ein Stelldichein boten. Aus den Bädern sind Vergnügungshäuser geworden. **Heinrich der II.** erließ Vorschriften für die Leistung der Badestuben in Umland von London, aus denen hervorgeht, dass es Häuser von schlechtem Ruf waren. Diese Vorschriften wurden von **Edward der III.** und **Heinrich der IV** bekräftigt, und die Badestuben blieben bis ins siebzehnten Jahrhundert bestehen.

Auf dem Kontinent ging man in der Billigung der Prostitution ein gutes Stück weiter. **Königen Johanna** von Avignon richtete ein städtisches Bordell ein, da man dies für besser hielt als eine von der Gesellschaft nicht abgesonderte Prostitution. Als **Kaiser Sigismund** Konstanz besuchte, erhielten die dortigen Freude spendenden Damen, teure Festkleider spendiert. In Ulm wurden nachts die Straßen beleuchtet, wenn seine Hoheit und sein Gefolge das städtische Lupanar besuchen wollten. Die mittelalterliche Kirche stellte ein sexuelles Ideal auf, das im höchsten Maße konsequent und kam in dem auf das sorgfältigste ausgearbeiteten Sittenkodex und seinen Vorschriften zum Ausdruck. Dieser Kodex basierte schlechthin auf dem Grundsatz, dass der Geschlechtsakt wie die Pest zu meiden sei und in jedem Falle bedauerliche Notwendigkeit bleibe. Verdammt war nicht der Sexualakt an sich, vielmehr die damit verbundene Lust.

Eine der gräulichsten Taten bestand in der Einführung der Chemise cagoule, eine Art schweren Nachthemd mit einer passend angebrachten Öffnung, durch die der Mann seine Frau befruchten konnte, ohne mit ihr in Berührung zu kommen.

Ungefähr im achten Jahrhundert begann die Kirche das ungeheuerliche System zu entfalten, welches das Mittelalter beherrschte. Eine Reihe von Bußbüchern ist erschienen, welche das Thema Sexualität in allen Einzelheiten erforschten, alle Vergehen wurden beschrieben und ausführlich behandelt, und für jedes Vergehen waren Bußübungen vorgeschrieben. In dieser Beziehung konnte die mittelalterliche Kirche kaum weiter gehen als ihre Kirchenväter.

Jovinian wurde exkommuniziert, da er im Widerspruch zum heiligen **Augustin**, zu verneinen gewagt hatte, dass Jungfräulichkeit besser sei als der Stand der Ehe.

Der heilige **Hieronymus** duldete die Ehe aus dem einfachen Grunde, weil sie die Welt mit Jungfrauen versorge. Eine verrückte Einbildung hatte die Vorstellung entwickelt, die Jungfrauen als Bräute Christi anzusehen.

Für Masturbationen wurde eine hohe Strafe verhängt. Da das Kind viel zu jung ist, um die Bedeutung von Verbot und Strafe zu verstehen, und Masturbation seine einzige Möglichkeit des Lustgewinns ohne fremde Hilfe bildet, wird Furcht erzeugt, die im Unterbewusstsein wirkt, sich verallgemeinert, bis sie schließlich zur Furcht von Vergnügungen aller Art wird. Die Kirche war sich klar darüber, dass die Durchführung ihres Verdrängungssystems letztlich von der Bereitwilligkeit der Eltern abhing, die kindliche Masturbation zu stoppen. Von solchen Verboten haben die Menschen immerhin eine dunkle Vorstellung, da sie, wenn auch in verminderter Strenge, noch heute gelten. Weniger bekannt ist aber, in welchem Maße den Sexualakt selbst innerhalb der Ehelichen Verbindung zu beschränken und zu kontrollieren versuchte.

Der totale Gegensatz zu den Moslems, für die es nämlich ein Scheidungsgrund wäre, wenn der Sexualakt eine Woche lang nicht stattfindet. Nur Ignoranz und Verzweiflung können die Unbarmherzigkeit der Kirche erklären, mit der sie biblisches Gut verdrehte, um ihre Gesetze zu begründen. Eine übertriebene Askese wird in der Bibel nicht gefordert, und ganz gewiss nicht im neuen Testament. Das weiß ich, als einer, in islamischer Kultur aufgewachsener Mensch auch. Wenn die Kirche sich auf das Postulat von Paulus bezieht, der die Sexualität missbilligte, so ist sie noch viel schärfer damit umgegangen. Paulus Worte: „ Es ist dem Menschen gut, dass er kein Weib berühre. Aber um der Hurerei Willen habe ein jeglicher sein eigenen Weib und eine jegliche habe ihre eigenen Mann. Ich wollte aber lieber, alle Menschen wären wie ich bin, aber ein jeglicher hat seine eigene Gabe von Gott, einer so, der andere so. Ich sage zwar den Ledigen und Witwen: Es ist ihnen gut, wenn sie auch bleiben wie ich. So sie aber sich nicht mögen enthalten, so lass sie freien, es ist besser Freien, denn Brunst leiden. Von den Jungfrauen aber habe ich kein Gebot des Herren, ich sage aber meine Meinung. So Du aber freist, sündigst du nicht, und so eine Jungfrau freit, sündigt sie nicht. „.

Eindeutig und unmissverständlich ist es zum Ausdruck gekommen, dass Heiraten keine Sünde sei, und Enthaltsamkeit sei eine Gabe Gottes. Paulus hat sich auch nicht auf die Lehre Christi bezogen, sondern seine persönliche Meinung geäußert, auf Fragen die ihm die korinthische Kirche damals stellte.

Zusammenfassend muss jedoch gesagt werden, dass das Ideal jene Zeit, genau wie das mittelalterliche und die Zeit davor, niemals von der großen Mehrheit übernommen wurde.

Nach der Übersicht der Entwicklung sexuellen Verhaltens vergangener Zeiten, kehren wir auf den Boden der aktuellen Tatsachen zurück.

Ich mag mich zwar widersprechen, aber es wäre töricht zu leugnen, wie gut wir es doch seit Mitte des zwanzigsten Jahrhunderts haben. Zum ersten Mal in der Geschichte stehen der gesamten Bevölkerung, Magazine und Bücher zur Verfügung, die das Sexualleben indirekt anregen. Film und Fernsehen übermitteln erotische Erfahrungen mit größter Eindringlichkeit. Heutzutage ist der Besuch beim Frauenarzt so selbstverständlich und gehört in jedem Terminkalender einer Frau. Das wäre früher undenkbar gewesen. Wenn ein weiblicher Patient untersucht werden sollte, wurde dem Arzt zuweilen eine Puppe überreicht, an der man die erkrankten Stellen zeichnete.

Wenn wir heute in einem ziemlich offenen Zeitalter, immer noch zahllose sexuelle Probleme haben, dann mag das daran liegen, dass wir die Altlast nicht ganz überwunden haben. Die Tiefenpsychologie hat uns gelehrt, dass sexuelles Gefühl und Unduldsamkeit auf der frühsten Kindheit beruhen. Unbewusst übernehmen wir Verhaltensweisen vergangener Institutionen, die irrational auf unsere Kinder übertragen, und diese darin hindern ihre Probleme mit dem selbstsicheren Feingefühl zu steuern.

Schulreife

Maßgebender Ausgangspunkt in diesem Zusammenhang, waren das Wachstum und die Reife als die Komponente überhaupt. Es ist besonders erwähnenswert, auf die immer wiederkehrende Frage der Schulreife einzugehen. Sie will besagen, dass das Kind in einem bestimmten Stadium des Wachstums fähig ist, den Forderungen einer Schule, im speziellen Fall der Volksschule zu entsprechen. Wie bereits oben veranschaulicht, ist der Begriff Reife eine Andeutung auf einen gewissen Entwicklungsstand im Wachstumsprozess.

Sowohl die körperliche als auch die psychische Reife machen diesem geforderten Entwicklungsstand aus.

Es gibt eine Reihe von Reifetests die, – schon innerhalb der BRD, von Bundesland zum anderen variierend – die Möglichkeit bieten, die Schulreife eines Kindes festzustellen.

Die bekanntesten:

Die Kritzelleistung

Das Nachmalen eines einfachen Satzes

Die zeichnerische Darstellung eines Kindes

Das Nachahmen einer Mengengestalt

Das Erfassen von Zahlen

1 – **Die Kritzelleistung** dient sekundär der Feststellung der Reifelage. Besteht diese aus zusammenhanglose, spitzwinklige Gebilde wie hingeworfen, ist der Verdacht auf Unreife nicht unbegründet. Ist

die Kritzelleistung fein und übermäßig klein, so darf man auf eine ängstliche Haltung schließen. Eine sehr druckstarke, eventuell eckige und geradlinige Kritzel, lässt auf Vitalität und Durchsetzungskraft schließen. Solche Kinder wissen oft gewisse Entwicklungsschwächen durch Willensanstrengung aufzuholen. Die Kritzelleistung kann - auch wenn nicht primär der Feststellung der Reifelage dient – den charakterologischen und typologischen Auswertung dienen. Ich muss allerdings mit aller Deutlichkeit darauf hinweisen, dass überhaupt, sei es gekritzelicher Handschrift, oder sonstiges, nichts über den Charakter eines Menschen aussagt.

2 – Beim **Nachahmen** ist es gleichgültig ob es schön oder weniger schön ist. Ausschlaggebend ist lediglich, dass das Vorbild so klar nachgeahmt ist, dass es ohne weiteres wieder zu erkennen ist. Die Erfüllung dieses Tests ist als hohe Leistung zu bezeichnen. Es zeigt eine hohe Fähigkeit der Aufnahme und Gliederung optischer Gestalten, und der teilinhaltlichen Beachtung. Die Wiedergabe zeigt eine außerordentliche Höhe der motorischen Leistungskomponente.

3 – **Die zeichnerische Darstellung eines Kindes** muss schon viele Details – wie Kopf, Haare, Augenbrauen, Ohren, Gliedermaßen usw. – die eine menschliche Figur wieder erkennen lassen, beinhalten. Einen Kopffüßer deutet klar auf Unreife.

4 – **Das Nachahmen einer vorgegebenen Mengengestalt**, leitet über in die Untersuchung der durchlaufenen Entwicklung des rechnerischen Bewusstseins. Da dieser Test eine hohe teilinhaltliche Beachtung

und Gliederungsfähigkeit verlangt, machen sich mangelhafte Konzentration und Ablenkbarkeit sehr schnell bemerkbar durch Zugabe oder Ablassen von Punkten oder Punktreihen.

5 – Beim **Erfassen von Zahlen** wird besonders darauf geachtet, dass das Kind rasch handelt. Der Pädagoge wird darauf drängen, dass die von ihm genannte Zeit schnell zugepackt wird. Wenn das Kind zögert und langsamer arbeitet, wird man vermuten, dass er gezählt hat. Diese Aufgabe wird mehrmals wiederholt, bis der Pädagoge erkannt hat, welche Zahl sicher noch simultan erfasst wird. Die Zahl fünf spricht bereits für hohe Reife. Es kann auch Kinder geben die trotz reifer Gesamtleistungen nur die Zahl vier simultan erreichen können. Für jeden praktischen Pädagogen muss klar sein, dass die schulischen Leistungen eines Kindes mindestens von drei Faktoren abhängig seien. Diese drücken sich in drei Kriterien aus: Begabung, Charakter und Umwelt.

Wo geringere Begabung und ungünstiger Charakter nur ein geringes Leistungsniveau erreichen lassen, kann eine günstige Umwelt oft ein bemerkenswerter Ausgleich schaffen. Es wäre also gar nicht unrichtig, im Hinblick auf Leistungsprognosen mit Milieuquotienten anzusetzen. Da Reifeleistungen, je ein Produkt aus individueller Fähigkeiten, Eigenschaften und Umweltwirkungen darstellen, ist es im konkreten Falle außerordentlich schwierig, ohne genaue Kenntnis dieser Wirkfaktoren auf den Grad eines Faktors etwa der Begabung, zurückschließen zu wollen. Denn, die Schulreife ist durch ein bestimmtes Maß an Körperbeherrschung, sozialen Verhalten, Nachahmungsfähigkeit, Materialbeherrschung und geistiger Produktivität gekennzeichnet.

Nun, Innerhalb der pädagogischen Praxis wird das Rollenspiel als eigenständiges Lernmedium aufgefasst, vor allem im Bereich der emotionalen und sozialen Erziehung des Kindes. Im Rollenspiel werden seelische Verletzungen, die in der Vergangenheit erlitten wurden, wieder sichtbar, sie werden neutralisiert, wenn die Situation, in denen sie entstanden sind, häufiger gespielt wird. Auch Ängste können im Spiel szenerisch versachlicht werden und verlieren dadurch ihre diffuse, nicht mit dem Verstand erfassbare Bedeutung. Das Rollenspiel kann sowohl die Funktion haben, von realen Zwängen freizusetzen, als auch Wünsche zu erfüllen. Das Kind – aber auch der Erwachsene – kann handlungsfähiger werden, es kann zugleich auch neurotisierende Blockierungen und Hemmungen bereits im Entstehen verarbeiten und damit abbauen. Es kann im Spiel lernen, ein positives Verhältnis zu seinem eigenen Körper zu finden. Ihn zu erleben und sich durch ihn auszudrücken.

Auch Regelspiele haben für das Kind eine große Bedeutung. Zuerst einmal bringt gerade der Ordnungswille im Kind eine Bereitschaft zur Befolgung von Regeln mit sich, die das Zusammenwirken mit anderen erst möglich macht. Das Regelspiel stellt ein subtiles Gleichgewicht zwischen die Assimilation an das Ich, und dem sozialen Leben dar. Es enthält sensomotorische oder intellektuelle Befriedigung, und es tendiert darüber hinaus zum Sieg des Individuums über andere. Diese Befriedigungen sind sozusagen legitim durch die Regeln des Spieles, die den Wettkampf in einer allgemeinen Disziplin und einen Ehrenkodex einbettet.

Diese Form des Spiels bringt spielerische Assimilation mit den Forderungen der sozialen Reziprozität in Einklang. Das Regelspiel, könnte man sagen, ist eine Schule der Vergesellschaftung, wo man lernt, richtig miteinander umzugehen und mit den Lebensregeln des Spiels die Spielregeln des Lebens zu beherrschen.

Dazu ein Beispiel aus eigener Erfahrung.

Als meine Tochter Sonia dreieinhalb Jahre alt war, spielte ich fast jeden Tag mit ihr. Dabei übernahm sie oft die Führungsrolle. Sie machte mir Abendbrot aus Schokolade und Bonbons, und sagt zu mir: „ iss Kind, du hast bestimmt Hunger». Während ich so tat als würde ich essen, lehnte sich meine Tochter an den Tisch und guckte mich mit einem fürsorglichen Blick an.

In dieser Szene ist ein innerer Vorgang nach außen verlagert worden, das in erster Linie verbal, dann durch Gebärden, die, die Erfüllung des Bedürfnisses der interpretierten Mutterrolle, zur erkennen gibt.

Nach dem Essen, sagt sie zu mir, diesmal mit herrschender Stimme: „ jetzt legst du dich hin und schläfst„. Darauf sagte ich: Mami, ich will noch nicht schlafen „.

Sie: „ lege dich hin, sonst lese ich dir keinen Märchen vor „. Ohne weitere Widerrede, lege ich mich auf das Sofa, werde mit einem Handtuch zugedeckt und bekomme einen Schnuller in den Mund eingesteckt. Sie setzte sich zu mir, und schlägt ihr Märchenbuch auf, tut so als würde sie vorlesen. Ab und zu, überzeugte sie sich davon ob ich die Augen zuhielt. Plötzlich werde ich zum Aufwachen aufgefordert; das Spiel ging weiter. Auch im zweiten Abschnitt dieser Inszenierung, haben sich innere Bedürfnisse mittels Mimik, Gebärden und Tonfall projiziert.

Was sich hier als Machtstreben äußert, ist tiefer begründet, im narzisstischen Wunsch nach eigener Größe. Wir haben hier mit dem so genannten Trotzalter zu tun. Es ist eine normale und notwendige Durchsetzungsperiode, im Alter von zweieinhalb und vier Jahren. In diesem Alter gehorchen Kinder ihrem Drang respektive Antrieb, ihren Handlungsspielraum neu auszukundschaften. Beim Trotzverhalten handelt es sich um soziales Erkunden, das für das erwachsene Ich des Kindes und die Entwicklung sein Eigenwille für das spätere Leben sehr entscheidend ist. „ Man erziehe nicht zum Gehorsam, wenn man die Einstellung von Trotz vermeiden will „ von **A. Adler.**

Nun, eine zu große Nachgiebigkeit in der Erziehung, im Zusammenhang mit der Willensforschung, führt zu einer Willensschwäche. Darum halte ich diese Art moderne und antiautoritäre Erziehung in mehrere Situationen für eine Fehlleistung. Die durch psychische Kräfte hervorgerufene Fehlleistungen, haben mit zufälligen Entgleisungen, wie in manche Untersuchungen angenommen wurde, nicht zu tun. Sondern die bewusste Absicht der Eltern, wird durch unbewusste vererbliche und Milieu geprägte Strebungen gestört.

Um Missverständnisse auszuräumen, lehne ich grundsätzlich jeglicher Art von körperlichen Strafen ab. Zu den körperlichen Strafen im Kindesalter, muss ich deklarieren, dass diese Haltung auf Irrtümer beruht, über die kindliche Psyche und die Deformationen des elterlichen Charakters. Religiöse Vorstellungen über die ursprüngliche - sündhafte Natur des Menschen - haben viel dazu beigetragen, im Erzieher die Bereitschaft zu schroffer und unnachgiebiger Haltung zu festigen.

Auch die autoritäre Struktur unserer Gesellschaftsordnung – in den Sphären von Politik, Wirtschaft, Militarismus usw. – verleitet zu pädagogischen Gesinnungen, die im Kinde schon den „ Untertan „ erzeugen möchten, den man später im hierarchischen Gefüge der Sozietät brauchen kann.

Das Unselige der harten und strengen Erziehung, liegt darin begründet, dass diese, die Distanz zwischen Eltern und Kind wesentlich vergrößert. Denn, der Lebensmut des Kindes erfordert in erster Linie, das Gefühl von Geborgenheit und Liebe im familiären Milieu.

Wo die Eltern hauptsächlich Nachdruck auf die kindliche Unterwerfung legen, kommt das Zärtlichkeitsbedürfnis des Heranwachsenden in der Regel zu kurz, so dass das Kind von seiner Liebesfähigkeit zu wenig Gebrauch machen lernt. Die autoritäre Pädagogik geht meistens in „ Dressur „ über, die vom Kinde, Verhaltensweisen erzwingt, welche es innerlich gar nicht bejaht. Auch dadurch entsteht tiefgreifende Isolierung des Kindes von seiner Umgebung, mit der es unter Umständen zu einem vorsichtigen Modus vivendi gelangt, die es jedoch nicht in seinen Gefühlen aufnimmt. Die Folge davon ist eine emotionelle Absonderung, die in späteren Leben als Gefühlsscheue, Pessimismus und Negativismus erscheinen mag. Auch hier liegt der Ausgangspunkt psychischer Fehlentwicklungen, die von allgemeinen Charakterstörungen bis zu den Perversionen, der Kriminalität und den Geisteskrankheiten reichen. Die in den Bereich der Härte und Strenge fallenden Haltungen der elterlichen Herrschsucht, Nörgelei und Lieblosigkeit treffen das Kind an seiner verwundbarsten Stelle, indem sie sein Sicherheitsgefühl zerbrechen und seine Liebesfähigkeit verkrüppeln.

So können körperliche Strafen, die mitmenschlichen Beziehungen von Grund auf vergiften. Eine Erziehung, die sich vor allem auf die Wirkung von Strafen aller Art verlässt, mag bei schwächeren Charakteren, einen blinden Gehorsam erzwingen. Sie kann aber nicht die Fähigkeit zu Selbstverantwortlichem Handeln vermitteln, sie schafft nicht einmal „ brave Untertanen „ auf deren Fügsamkeit Verlass wäre, sondern Scheue, ängstliche Menschen, die sich zwar ducken wie „ verprügelte Hunde „ die aber geradeso scheinbar plötzlich ihre Herren anfallen und zerreißen können.

Das Schulkindalter

Manche behaupten eben, das Schulkindalter sei eine unauffällige Periode in der Entwicklung des Kindes. Es ist vielmehr davon geprägt, durch den zeitlich nahtlosen Übergang, vom Vorschulkindergarten in die eigentliche Schule. Es hängt sehr von der erzieherischen Einwirkung der Eltern ab. Ob die Angelegenheit zur Steigerung alle charakterlichen, leiblichen und geistigen Kräfte im Hinblick auf die Forderungen der Wirklichkeit wahrgenommen wird. Denn, ein Kind das liebevoll und im psychologischen Sinne korrekt erzogen ist, wird zu keiner Zeit derartig bereit sein, schnell und begierig zu lernen, groß zu werden im Sinne der Übernahme von Verpflichtungen, Disziplin und Leistung, als am Ende der Periode der expansiven Phantasie. Es ist auch dabei ziemlich eifrig, Dinge zusammenzusetzen, sich am Konstruieren und Planen zu beteiligen, statt zu versuchen, andere Kinder zu bedrängen oder Einschränkungen herauszufordern. Kinder schließen sich in diesem Alter, Lehrer und Eltern anderer Kinder an. Sie wollen Leute beobachten und nachahmen, die Berufe repräsentieren, die sie verstehen können, wie Feuerwehrleute, Polizisten und Ärzte. Kinder die ein gesundes Verhältnis zu ihren Eltern genießen, geben keinen Impuls zur Problematik und so fällt die Entwicklung im Schulkindalter nicht sonderlich auf.

In diesem Zusammenhang, ist die weithin vertretene, sehr verallgemeinernde Auffassung, berufstätige Mütter würden ihrer Kinder generell vernachlässigen, nicht berufstätige sie dagegen eher richtig behandeln und verwöhnen, ist weit veraltet. Es ist noch kein Zeichen der Lieblosigkeit oder Selbstsucht, wenn man im Beruf bleiben will. Genauso die ganztägige Anwesenheit zu Hause an sich noch kein Zeichen der Liebe zum Kind ist.

Durch die Berufstätigkeit der Mütter, wachsen bei dem Kind Verantwortungsbewusstsein und Selbständigkeit. Wenn die Kinder von klein auf mit Pflichten entsprechend ihrem Alter, für das Leben in der Familie mitverantwortlich gemacht werden. Kinder die man nach solchen Prinzipien erzieht, werden in der Regel früher dazu angehalten, auf sich selbst aufzupassen, kleinere Besorgungen allein zu erledigen, im Haushalt mitzuhelfen usw.. Gerade die frühzeitige Übernahme solcher Funktionen, und die in ihrer selbständigen Ausführung erworbenen Fähigkeiten, stellen wesentliche Vorbedingungen für späteres Leistungsverhalten dar.

Die Diskussion hat sich vielmehr verlagert auf die Frage, ob aus der Tatsache der Müttererwerbstätigkeit an sich überhaupt, negative Auswirkungen für das Kind ableitbar sind. Eine Mutter, die sich mit dem Problem Beruf - Familie auseinandersetzt, sollte vor allem davon ausgehen, dass ihre eigenen Bedürfnisse und Interessen genauso wichtig sind wie die Bedürfnisse ihres Kindes.

Es hilft wenig, sie aufzugeben, wenn man dadurch unzufrieden wird und sein Unbehagen an dem Kind abreagiert.

Die Zufriedenheit der Mutter ist schließlich die wichtigste Voraussetzung der erfolgreichen frühkindlichen Sozialisation. Zufrieden zu sein, ist die erste Pflicht der Eltern ihrem Kind gegenüber. Wie man die Übereinstimmung mit sich selbst erreicht, ob dadurch, dass man im Beruf oder zu Hause bleibt, ist nebensächlich. Die in der Regel größere Ausgefülltheit und Zufriedenheit der Erwerbstätigen Mütter gegenüber der nicht Erwerbstätigen Mütter, die auf die modernen Kinder, Küche und Konsum ausschließlich festgelegt ist, kann als entscheidende Variable bei der Beurteilung des Verhältnisses von Zeitaufwand und Effektivität im Erziehungsprozess angesehen werden. Dieses Verhältnis hat **H. Rauh** als eine Art Faustregel wie folgt bestimmt: „ es ist für ein Kind besser, nur wenige Stunden am Tag eine glückliche und zufriedene Mutter um sich zu haben, als den ganzen Tag eine unzufriedene und mürrische„. Diese Faustregel in der **H. Rauh** die Ergebnisse zahlreiche Untersuchungen resümiert, stellt eine nachdrückliche Kritik, der in öffentlichem Bewusstsein noch vorherrschende und auch von manchen Wissenschaftlern geteilte Ansicht dar. Die mütterliche Anwesenheit über den ganzen Tag sei erforderlich, um die emotionale und kognitive Entwicklung des kleinen Kindes nicht zu beeinträchtigen. Dennoch erhoben Psychologen in den letzten Jahren – offensichtlich unbeeindruckt von den einschlägigen Forschungsergebnissen – die Forderung nach einem absoluten Schonraum des Kindes in den ersten drei Lebensjahren, und begründen damit die Notwendigkeit der ganztägigen Anwesenheit von Müttern bei ihren kleinen Kindern.

Hier tritt eine enorme Bedeutung ein, und zwar, die, der Familienergänzende frühkindliche Erziehung, durch das Fachpersonal im Kindergarten. Die in der heutigen Lebensform, beinahe unentbehrlich ist.

Es gibt verschiedene Formen und Konzeptionen von Kinderkrippen. Das kann man teilweise bereits an Namen von einzelnen Einrichtungen ablesen, wie Fröbel-Kindergarten, Montessori-Kinderhaus, Waldorf-Kindergarten, Kinderhort oder einfach Kinderladen. Wenn auch die Mehrzahl alle Kindergärten in der Bundesrepublik nicht einer der hier aufgezählten speziellen Formen zugeordnet werden kann, so darf andererseits auch nicht ein Einheitsbild für alle Kindergärten angenommen werden. Der Kindergarten ist in jedenfalls eine Bewahrungsanstalt und Bildungseinrichtung zugleich. Ich sehe im Kindergarten einen Freiraum für eine unbeschwerte Entfaltung kindlicher Anlagen und Potenziale, und als Lernort zur Vorbereitung auf die Schule. Ich möchte aber die Möglichkeit, die, die Mütter, außerhäusliche Berufstätigkeit dadurch eingeräumt wird, besonders erwähnen.

Ich denke, dass jedes Kind in seiner besonderen Eigenart und seinen Entwicklungsstand voll und ganz angenommen wird (wenn, auf das Kind kein Druck ausgeübt wird) kann es Selbstvertrauen entwickeln und sich in eine Umgebung, in der, Entfaltung und Phantasie, in spielerische Unternehmungen zuwenden. Es wird fähig, zu Erwachsenen außerhalb der Familie, und zu anderen Kindern, Kontakte aufzubauen. Es lernt mitfühlend und hilfsbereit zu begegnen, sich auch durchzusetzen und Konflikte zu lösen. Daher kann der Kindergarten, das was die Familie an Lebens- Spiel- und Erfahrungsraum den Kindern bietet, ergänzen und unterstützen.

Die berufstätige Mutter

Aus zahlreiche Untersuchungen lässt sich vielmehr herausstellen, dass einerseits, das Pro-Kopf-Einkommen der Familie, Bildungsniveau der Eltern, Qualifikationsniveau des ausgeübten Berufes, Dauer der Erwerbstätigkeit, und andererseits die Einstellung der Mutter zum Beruf und die des Ehemannes zur Berufstätigkeit der Ehefrau, wichtige Parameter für eheliches Glück sind. Und dass die variable mütterliche Erwerbstätigkeit, nur noch eine zweitrangige Rolle, zugeordnet werden kann.

Eine Gesellschaft, die, die primäre Rolle der Frau in ihrer Haushaltsrolle sieht, verurteilt sie dadurch unwillkürlich zu einer niedrigeren gesellschaftlichen Stellung. Die zentrale Rolle, die Beruf und Erwerbstätigkeit bei der Bestimmung des Status in der Industriegesellschaft spielen, bestimmt auch die Bedeutung der außerhäuslichen Erwerbstätigkeit, für die Stellung der Frau, und macht die zur notwendigen, allerdings nicht zu der einzigen Voraussetzung ihrer sozialen Gleichstellung. Denn, solange für den Status des Menschen in der Gesellschaft, seine Stellung im wirtschaftlichen Bereich entscheidend ist, wird auch für die Frau, die Erwerbstätigkeit die wichtigste Möglichkeit für den Ausbruch aus ihrer zweitrangigen Position bedeuten und faktisch ihrer Gleichstellung näher kommen.

Historisch gesehen, ist das Streben nach Erwerbstätigkeit außer Haus, die Rückgewinnung der früheren wirtschaftlichen Position der Frau. Das eigentliche Novum in der Geschichte der Familie, ist die „ Nur - Hausfrau " denn die erwerbstätige Frau gab es schon immer, nur der außergewöhnliche Charakter, der durch die Industrialisierung erzwungen worden ist, ist neu. Einfach Hausfrau zu sein, erscheint vielen Jungen Damen bestenfalls als lästige Begleiterscheinung einer allgemeinen Weltanschauung auf einen Beruf oder einfach auf Lebensgenuss fixierten Daseins. Die Unzufriedenheit an der jahrhundertealten Rolle der Frau im Haushalt ist weit verbreitet. Obwohl, einen Haushalt fachgerecht zu führen erfordert mehr wirtschaftliche Kenntnisse und praktische Erfahrungen, als viele erstrebenswerte Männerberufe bieten können. Ein sinnvoll organisierter Haushalt hat viele Gemeinsamkeiten mit einem Industriebetrieb. ZB. Fertigungsplanung mit dem Kochen, das Management mit der Haushaltsführung und den Berater mit der Erziehung durchaus vergleichbar ist. Hausfrau ist Einkaufschef, Finanzchef, Produktionschef und Marketingleiter in einer Person. Gerade hier muss ein beträchtlicher Unterschied herausgehoben werden, und zwar ob Einkaufschef oder Marketingleiter, sie arbeiten nicht ohne Entgelt, aber die Hausfrau! Nun, es gibt Frauen die arbeiten müssen, um die Familie zu unterstützen, also aus wirtschaftlicher Not; Oder aber um den Lebensstandard zu verbessern. Andere entschließen sich für außerhäusliche Tätigkeiten, weil sie offensichtlich den Sinn ihres Lebens nicht in der Familie allein sehen.

Noch ein nennenswerter Faktor, der die unzufriedene oder die strebende Frau, dazu bewegen könnte außerhäuslich erwerbstätig zu werden, der darin besteht, dass die verheiratete Frau, ihren sozialen Status nur vikariell durch den Beruf des Ehemannes erhält, was an und für sich schon eine problematische Situation schaffen kann.

Es ist allgemein bekannt und wird allgemein nicht bestritten, dass die Arbeit der Frau geringer bezahlt wird als die des Mannes. Die Unterbewertung von Frauenarbeit ist keine Erfindung des zwanzigsten Jahrhunderts. Sie ist auch für das neunzehnte Jahrhundert nachzuweisen. Schon immer waren Frauen erwerbstätig, auch wenn man sie nicht als berufstätige Frauen bezeichnete. Sie waren Mägde in der Landwirtschaft, gehörten zum Gesinde in Herren - und Bürgerhäusern, arbeiteten als mithelfende Familienangehörige auf dem Hof des Mannes oder Bruders, waren als Tagelöhnerinnen als Wasch - und Putzfrauen. Dieser frühen Erwerbstätigkeit war gemeinsam, dass sie überwiegend an Haus und Hof gebunden war, entweder ans Haus der jeweiligen Herrschaft oder an der eigenen.

Mit beginnender Industrialisierung, wurde die Erwerbstätigkeit in ständig steigendem Umfang außer Haus verrichtet.

Der Übergang zur Industrialisierung erfolgte zwar stetig, aber doch in verhältnismäßig rasche Entwicklung. Schon im Jahre 1800 gab es in Deutschland fast 85 000 Fabrikarbeiter, ein halbes Jahrhundert später arbeiteten 900 000 Männer und Frauen in den Fabriken. Im Jahre 1885 machten allein die weiblichen erwerbstätigen in der Industrie, annähernd 1,1 Millionen Frauen aus, 1907 waren es bereits 9,5 Millionen Frauen erwerbstätig.

Allen erwerbstätigen Frauen war gemeinsam, dass sie fast keine Ausbildung hatten und unterbewertete Arbeit verrichteten.

Vom Beginn der Industrialisierung an, standen die erwerbstätigen Frauen in einem Existenzkampf, wie er härter und schlimmer kaum vorstellbar ist. Für sie war es wichtig der Arbeitsplatz überhaupt und zur einigermaßen erträglichen Bedingungen zu erhalten. Die, Anfang des zwanzigsten Jahrhunderts erwerbstätigen 9,5 Millionen Frauen waren vorwiegend ledige ungelernte Arbeiterinnen, die bei gleicher Arbeit weniger Lohn erhielten als der Mann und für sich Selbst oder die Familie sorgen mussten.

Die Wirtschaft beschäftigte sie, weil Frauen in bestimmten Bereichen, qualitativ, bessere Arbeit leisteten und zudem billiger als Männer zu haben.

Die Erfahrungen aus dem ersten Weltkrieg – wo zum größten Teil, Frauen für vielfältige qualifizierte Tätigkeiten eingesetzt worden – haben in der Weimarer Republik, keine Früchte für einen möglichen Aufstieg getragen. Die meisten von ihnen hatten ihre Tätigkeit als Statthalterarbeit für Männer betrachtet und gaben erworbene Positionen ganz selbstverständlich auf. Die Arbeitslosigkeit der späteren zwanziger und frühen dreißiger Jahre konnte keinen Gedanken an Aufstieg wecken.

In der Zeit des Nationalsozialismus war die Frau im Haus ideologisch so festgelegt, dass an Aufstiegschancen keine Gedanken verschwendet wurden, und auch nicht eingeräumt wurden. Der ständig steigende Prozentsatz der Frauen unter allen Erwerbstätigen nach dem zweiten Weltkrieg, hatte mit qualitativer Fortentwicklung zunächst nichts zu tun. Dennoch zeichnete sich nach 1945 ab, dass Frauen aus den Erfahrungen des zweiten Weltkriegs es gelernt hatten, ihre Bereitschaft und ihren Anspruch auf bessere Ausbildung anzumelden.

Die ungünstigen Startbedingungen, mit denen Frauen ins Berufsleben eintreten, sind ein wesentlicher Grund dafür, dass sie gezwungen sind, die untersten Plätze in der beruflichen und betrieblichen Hierarchie einzunehmen und dort zu verharren. Hierzu kommt, dass das weibliche Erwerbsverhalten, aufgrund der Frauen primär zugeschriebenen familiären Verpflichtungen, häufig durch Diskontinuität gekennzeichnet ist. So, dass auch die Möglichkeit einer nachträglichen Spezialisierung und Qualifizierung durch Berufserfahrung gering ist.

Bei Ableistung des Wehrdienstes werden Junge Männer beförderungsmäßig so behandelt, als ob sie ununterbrochen berufstätig seien. Diskontinuität ist da ein Fremdwort.

Ich fasse zusammen:

Das, insgesamt geringerer Ausbildungs- und Qualifikationsniveau der Frauen, schlägt sich – verglichen mit der Männer – in einem geringeren Einkommen nieder. Daneben gibt es wiederum die direkte Unterbezahlung der Frauen. Frauen verdienen also zum einen weniger als Männer, weil sie unqualifizierte Arbeit verrichten, zum anderen aber, weil trotz gleicher Qualifikationsstufe schlechter als Männer bezahlt werden und da liegt die Benachteiligung eindeutig in der Entlohnung. Die bislang körperlich schwere Belastung wurde höher bewertet als jene physischen und psychischen Belastungen, die durch Anforderungen an Konzentration, Geschicklichkeit und Fingerfertigkeit entstehen. Die auf das Geschlecht betonte Deprivilegierung von Frauen gegenüber Männern im Hinblick auf Verdienstmöglichkeiten, wird von nahezu jeder Frau gesehen.

Hierzu ein Beispiel:

Die Lufthansa weigerte sich, bis vor einigen Jahren, weibliche Pilotinnen einzustellen. Allein die Möglichkeit, dass sie schwanger werden, deswegen ausfallen und insofern der Lufthansa nach ihrer Meinung wirtschaftlichen Schaden zufügen, reicht aus, Pilotinnen grundsätzlich nicht zu beschäftigen. Beweis genug dafür, dass Frauen immer noch, trotz qualifizierter Ausbildung, keine Chance haben die Gleichstellung zu erreichen.

Ein trauriger Zustand für eine so moderne Welt!

Ich sah schlicht und ergreifend die Notwendigkeit, im Zusammenhang mit der Erziehung, auf das allgemein vermiedene Thema, Frau und Beruf, doch näher zu veranschaulichen.

Dadurch dass die Familie eine Reihe von Funktionen verloren hat, sind die ihr, verbliebenen Restfunktionen gepflegt und intensiviert worden. Während die Produktionsfunktion eingeschränkt worden ist, hat sich die Konsumfunktion ausgeweitet. Ähnliches ist auch in dem Verhältnis Eltern - Kinder und besonders Mutter - Kind zu vermerken. Die Ausbildungsfunktion ist weitgehend an außerfamiliäre Einrichtungen abgegeben worden, die Pflege und Erziehungsaufgabe im engeren Sinne, die mehr mit emotionalen Faktoren verbunden wird, ist in der Familie verblieben und hat sich sogar weiterentwickelt bzw. verstärkt. Das Familienleben unterliegt gerade in der Kernfamilie einer zunehmenden Individualisierung und Intimisierung. Zärtlichkeit und liebevolle Vertrautheit scheinen heute so sehr Teil der normalen Eltern - Kind - Beziehung, dass viele dazu neigen, sie als historische Konstante zu betrachten. Unsere hochspezialisierte, organisierte und bürokratisierte Gesellschaft übt ständig eine Vielzahl von Zwängen auf den einzelnen Menschen aus. Ununterbrochen muss er sich immer auf neue Situationen einstellen, sich anpassen, wobei die persönliche Eigenart oft gar nicht zu ihrem Recht kommt. Das führt auf die Dauer zu seelischen Spannungen.

Hier schafft das Familienleben einen unersetzlichen Ausgleich, da der Mensch in dem überschaubaren, ihm zutiefst vertrauten und intimen Kreis der Familie sich ungezwungen bewegen und seine persönliche Eigenart entfalten kann. Die Funktionsveränderung der Familie bietet ausreichende Zeit für die Erfüllung der sozialpsychischen Ansprüche. Mit der zunehmenden Freizeit im quantitativen Sinne, wie am Wochenende, im Urlaub und an besonderen Festen, entwickelt sich unter Umständen bestimmte Familienrituale, die sich natürlich von Familie zu Familie unterschiedlich darstellen.

Diese Eigenschaften waren jedoch im neunzehnten und lange noch im zwanzigsten Jahrhundert selten zu finden, zumindest was die breiten Volksschichten angeht. Dies geht aus sozialhistorischer Darstellungen mit viel entsprechende Quellenbefunde, die unserem heutigen Fürsorgeverständnis für Kleinkinder auf keinen Fall entsprechen würden, und in vielen Fällen Vernachlässigung der Fürsorgepflicht, als Vorwurf einbringen würde. Die unzähligen traditionellen Mütter waren sicherlich keine Ungeheuer. Wenn sie kein ausgeprägtes Gefühl der Mutterliebe besaßen oder dies nicht wahrnehmen konnten, so hatte dieses seine Ursachen darin, dass sie durch materielle Umstände und durch Gruppennormen gezwungen waren, das Wohlergehen ihrer Kleinkinder auf ihrer Prioritätsliste stärker hinten anzustellen. Sicher, um andere Prioritäten wie das Funktionieren des Bauernhofes oder die Unterstützung des Mannes beim arbeiten wichtiger zu nehmen.

Heute leistet die Familie psychische Kompensation, für die gesellschaftlich - berufliche Einseitigkeit. Unter diesem Gesichtspunkt wäre es interessant zu erwähnen, wie das

Weihnachtsfest, von einem religiösen zu dem Familienfest in besonderer Funktion werden konnte.

Konflikte in der Ehe

In der Ehe haben die Frauen, ohne Erschütterungen der ganzen Institution an Terrain gewonnen. Die berufstätige Frau bringt zusätzlich finanzielle Hilfe in die Familie ein. Sie verfügt damit auch über sozialökonomische und sozialpsychologische Ressourcen, die sich im Autoritätsgefälle der Familienstruktur auswirken.

Und schon sind wir einem Thema, der so interessant und empfindlich, nahe wie noch nie. Es scheint, dass Krisen in der Ehe so unausweichlich wie die Gewitter im Mai, und wie diese, kommen sie oft aus heiterem Himmel. Man meint, da muss man so etwas wie ein meteorologisches Feingefühl haben, um sie rechtzeitig zu erkennen. Die meisten Krisen haben gar nicht besonders heikle Anlässe, oft sind es winzig kleine Alltäglichkeiten, die sie Auslösen. So klein, dass man hinterher, wenn der große Krach vorbei ist und man in einiger Gelassenheit und mit Abstand daran zurückdenkt, gar nicht fassen kann, dass ein so kleiner Schneeball eine so große Lawine auslösen konnte. Unter dem Einfluss irgendeiner plötzlichen Drohung, die sich in Unruhe bemerkbar macht, wird das rationelle Denken ausgeschaltet. Eine situative Bewertung vollzieht sich rein emotional. Da das Gehirn von einer ergänzenden Tätigkeit vorläufig gefüllt wird, verliert das moralische Bewusstsein seine herrschende Rolle. Man ist auf dem Punkt angelangt, den man eine explosive Überspannung nennt, mehr in psychischer als in physischer Hinsicht. Die Handlungen und Gefühle der betreffenden Person sind ihm eigen, Beweis seines Individualismus. Man gelangt zu einer selbständigen Erkenntnis: Dem einen erscheint sie als Tiger, dem andere, als Schwein. Es ist viel schwerer als man ahnt, mit diesen Tieren zu kämpfen. Dabei soll sich der Mut festigen. Und das ganze, wegen eine überhöhte Bitte, eine unhöfliche Antwort oder zu wenig entgegengebrachte Aufmerksamkeit. So wenig, reicht eben um den Fass zum überlaufen zu bringen. Wenn man unbedingt will, findet man immer einen Grund, sich mit den anderen anzulegen. Wenn die Grundelemente und die fundamentale Ziele der Ehe nicht keimfrei sind, dann kann auch durch die kleinste Alltäglichkeit, eine würgende Atmosphäre, die um sich greift, und das ganze Leben im Haus bestimmt. Nichts macht mehr Freude, Erbitterung und unmächtiger Scham bohren sich unablässig in die Seele der Beteiligten.

Für die Gründe, der gegenwärtigen Krise in Ehe und Familie, die mehr oder minder miteinander zusammenhängen, haben folgende geschichtliche Ereignisse, den größten Beitrag.

Die **Desintegration**, und damit meine ich die Herauslösung, um nicht zu sagen der Herausfall der Familie aus der Einheit der Gesellschaft. Die Gesellschaft ist – wie man umgekehrt sagen könnte – nicht mehr familienkonform, Ihre Strukturen werden immer anonymer, Ehe und Familie dagegen immer intimer und privater. Sie werden als Gegenprinzip zur Gesellschaft verstanden, als Erholungsoase inmitten der gesellschaftlichen Wüste.

Die **Entfremdung**, ein zwangsläufiger Produkt der Desintegration bildet den Grundstein dafür, dass Konflikte abrufbereit sind. Ehepartner und Familienmitglieder teilen die wichtigsten Bereiche ihres gesamten Lebens nicht miteinander. Die meisten Menschen sind außerhalb des Hauses berufstätig, sind die meiste Zeit ihres bewussten Lebens getrennt. Die Familie in der Tendenz des Trennens, ist zu einer Mietgarage geworden, in die man nachts hinein fährt, um morgens wieder hinauszufahren, als eine Eß- und Schlafstelle.

Die **Mobilität** trägt noch dazu bei, in unserer modernen Industriegesellschaft, dass die Menschen nach stammes- und schichtmaeßiger Herkunft in einem Wirbel geraten, was eine Begegnung zweier Menschen mit ähnlichen Ausgangsbedingungen reichlich erschwert wird.

Wir wissen aber, dass eine Ehe umso stabiler ist, je mehr gemeinsame Bedingungen die Partner verbinden. Die allgemeine Mobilität würfelt heute aber die verschiedensten Menschen mit den verschiedensten Ausgangsbedingungen durcheinander. So, dass das Puzzlespiel, den richtigen Partner zu finden und dies weder von Äußerlichkeiten noch von jenem schwer fassbaren Funken individuellen Ergriffenseins, den wir Verliebtheit nennen, abhängig zu machen, den meisten Menschen überaus schwerfällt. Statt nach dem Prinzip - gleich und gleich gesellt sich besser - den Bund der Ehe einzugehen, wird nach dem viel gefährlicheren Grundsatz gehandelt- Gegensätze ziehen sich an -. Laut Statistik, kommen dem nach 80 % alle Ehen zustande. Damit bringen die Partner von vornherein sehr viel Sprengstoff in die so hoffnungsvoll begründete Zweisamkeit hinein, das dann vielleicht Jahre darunter leidet.

Die Ehe dauert heute erheblich länger als zur Zeit unserer Eltern und Großeltern. Damals hatte ein Mann im Laufe seines Lebens ebenso häufig, wenn nicht sogar häufiger als heute mehrere Frauen, nur dass er nicht durch Scheidung von der jeweils vorangegangenen getrennt wurde. Sondern durch den Tod im Kinderbett. Das will sicher keiner von uns, der heute beklagten Scheidungspraxis vorziehen. Nicht nur die erheblich gestiegene durchschnittliche Lebenserwartung, hat die Ehedauer verlängert, sondern auch die Tatsache, dass Ehen Heute früher geschlossen werden. Es leuchtet ein, dass allein durch diese längere Dauer das Risiko der Scheidung zunimmt.

Die abnehmende Kinderzahl hat einen doppelten Sinn. Einmal sind die Kinder der Scheidungsgefährdeten Ehe gemeint; Scheidungen kinderreiche Ehen sind sehr selten. Damit ist zwar nicht bewiesen, dass Kinder eine Ehe glücklicher machen, aber sie machen sie stabiler, und sei es nur aus dem Grund, dass die lastende Verantwortung jegliche Emotionen vorangestellt wird. Denn die Verantwortung für die gemeinsamen Kinder bindet. Mögen Kinder keine Garanten innerer Bindung sein, so bedeuten sie jedenfalls einen äußeren Halt. Die konsequentere Familienplanung mit dem Effekt der zwei - Kinder - Systems in über 50% aller Ehen, nimmt einen großen Teil dieses Haltes und macht damit selbstflexibler und die Ehepartner in Krisen leichter bereit, an Trennung und Beendigung des einmal begonnenen zu denken.

Die Verringerung der Kinderzahlen, wirkt sich im weiteren Sinne erheblich nachhaltiger aus. Denn, die soziale Ehefähigkeit wird meistens in der Kindheit erworben. Oder negativ ausgedrückt: Die meisten Ehekonflikte sind, zeitlich verlegte Kindheitskonflikte. Hierbei kommt dem sozialen Lernen im Geschwisterkreis eine besondere Rolle zu. In einem größeren Geschwisterkreis aufzuwachsen, erfährt das Kind eine Sozialreife, die er mit einem oder keinem etwa gleichaltrigen Partner, nicht haben kann.

Mehrere Geschwister können ihre Talente und Fähigkeiten im gegenseitigen Wettbewerb entfalten und erproben. Sie können sich gegenseitig bereichern, Konflikterfahrungen machen und Konfliktlösungen lernen. Das richtige Maß an Bindung aneinander, die Selbstdurchsetzung und Einschränkung, sowie die Gewichtung der eigenen und fremden Interessen, erfahren. Anerkennung von Kompromissen und die Suche nach Ausgleich und Gerechtigkeit, aber auch die Erfahrung von Streit und Auseinandersetzung, das sind Vorübungen für das Leben in der Gemeinschaft. Insofern hängen die Kinderzahlen sowohl der Eltern als auch der eigenen Generation eng mit der Stabilität der Ehen zusammen.

Durch den Funktionswandel der Familie, die sich von der Produktionsgemeinschaft zur Konsumgemeinschaft, und von der Großfamilie zur Kleinfamilie entwickelte, ist aus der Ehe, eine ungebundene und ungeborgene Einrichtung geworden. Nicht mehr durch Beruf und Tradition, durch Verwandtschaft und Nachbarschaft, durch Sitten und Gebräuche eingebunden, begegnen sich zwei Partner und treffen eine Entscheidung füreinander. Aus der Ehe als Stiftung, ist die Ehe als Vertrag geworden. Es ist kein eigener Stand mehr, der als Gottgewollte Ordnung bejaht wird, es ist eben etwas anderes. Die Ehe wird zwar formell, noch durch einen staatlichen Hoheitsakt und eventuell kirchliche Weihe konstituiert. Im Erleben der Menschen und in ihrem sozialen Verhalten rangiert sie jedoch weniger als Institution denn als Intimgruppe. So wird als Motiv ihrer Gründung, die weitaus vorherrschende Liebe angesehen. Keine Rede von irgendwelcher übergreifenden Gesetzlichkeit, wie Berufung, Standesraison oder wirtschaftliche Vernunft.

Darin liegt durchaus eine Stärke, aber auch eine Schwäche der modernen Ehe. Das hat in der deutschen Sprache zwei Bedeutungen: «sie steht auf eigenen Füßen» und „ sie ist auf sich selbst gestellt „, also ungeschützt und ungesichert.

Die Liebe beider Partner ist ein großes personales Motiv, das seit der Romantik die Deutung der Ehe bestimmt und zugleich gefährdet. Man muss dabei bekennen, dass oft, ein kurzfristiges Vergnügen, in dem das Glück zu lieben und sich geliebt zu wissen, erfahren wird, eine große Gefahr beherbergt. Dieses Glück ist wie Sand, und die kleinste Schwierigkeit des Lebens macht es zunichte. Wenn das geringste Leid, schon die geringste Kränkung uns nach der Hingabe unfähig macht. Wenn diese Prüfung der Liebe, sie zerschmettert wie ein zerbrechliches Glas, statt sie zu härten wie das Wasser den Stahl härtet, dann hätte diese wie Kristall glänzende Liebe nur die Zerbrechlichkeit des Glases.

Es wäre berechtigt einzuwenden, die Ehe alten Stils war ja auch keine Glücksquelle. Das stimmt, es wurde von ihr auch nicht erwartet.

Die Ehe der Nachkriegszeit, ist die größte repräsentative Unglücksquelle, und zwar gerade deswegen, weil sie als eine überhöhte Glückserwartung, als Liebes- und Lebenserfüllung deklariert wurde. In den meisten Ehen hat die sexuelle Erfüllung bis vor wenigen Jahrzehnten keine zentrale Rolle gespielt. Es wurde jedenfalls nicht öffentlich darüber diskutiert. Sicher hat sich das gesellschaftlich nachteilig ausgewirkt und das Potential von Aggression gesteigert und Konflikte begünstigt. Heute ist die sexuelle Erfüllung vieler Menschen durch Aufklärung, Beachtung und die höhere Wertschätzung der Figur größer geworden. Zugleich aber auch die Erwartung und ein damit verbundener sexueller Leistungsdruck. Charakteristisch ist die Zunahme von Impotenz und Frigidität unter Einfluss dieses Leistungsdrucks und der enttäuschten Erwartungen entstanden. Sexuelle Erfahrungen vor- und außerhalb der Ehe, spielen eine unübersehbare Rolle für die sexuelle Frustration, und können sich für die Ehe gefährdend auswirken. Trotzdem muss man anerkennend sagen, dass wahrscheinlich nicht die Ehen schlechter geworden sind, vielmehr die überhöhten Erwartungen, schneller gewachsen sind als die Möglichkeiten der Erfüllung.

Die Ehe ist leider, immer noch einseitig auf der Abhängigkeit der Frau begründet. In den meisten Ehen herrscht noch die Rollenverteilung zwischen einen aktiven Mann, der hinaus ins feindliche Leben muss, und eine passiv, sich fügende Frau, die drinnen züchtig waltet. Diese auch in einer Zeit, die, die Partnerschaft preist. Ungeschriebene gesellschaftliche Rollenerwartung bindet die Partner insgeheim, schon ehe sie sich aneinander binden. Das mochte gut gehen, solange andere stabilisierende Voraussetzungen für diese ungleiche Rollenzuweisungen gegeben waren. Aber auch da waren sie mit genug menschlichem Elend verbunden. heute erweist sie sich als ungerecht für die Entwicklung des Einzelnen und hinderlich für die notwendigen Fortschritte der Gesellschaft. Offenkundig auch belastend für die Erziehung der Kinder, und schließlich zerstörerisch für viele Ehen.

Denn mit Recht wehren sich Frauen gegen dieses Unrecht, und emanzipierte Männer verzichten darauf, ihren Aufstieg auf Kosten des Partners zu betreiben. Der Kampf der Frauen muss jedoch nicht von Vorteil sein. Durch gleichberechtigte Partnerschaft wird die Ehe zwar schöner, aber keineswegs leichter.

Die Hauptursache liegt vielleicht darin begründet, dass Jugendliche sich frühzeitig binden, weil es ihnen an anderen Bindungen und Geborgenheit fehlt. Vor allem dann, wenn zu Hause Spannungen herrschen, wächst der Drang, aus dem Elend der häuslichen Verhältnisse herauszukommen. Wie man gewöhnlich das am heftigsten begehrt, was man am meisten entbehrt. Es entsteht oft eine starke und überhitzte Anlehnungsbereitschaft, die den Jungen Mann im Mädchen die Mutter, das junge Mädchen im Mann den Vater suchen lässt, den es daheim vermisst. Zu der Sehnsucht nach menschlicher wärme, kommt das Bedürfnis nach einem Menschen, der sich nicht nur aus Pflicht, sondern aus Neigung, um einen kümmert. So wird die Frühehe sehr häufig zu einer selbstgewählten, familienersetzenden Maßnahme der Jugendhilfe geleistet. Da diese Selbsthilfe in vielen Fällen nicht weit trägt, endet sie vor dem Scheidungsrichter.

An dieser Stelle, möchte ich auf die erworbenen Verhaltensweisen, im Kindesalter zurückgreifen. Wir haben unter anderem gelernt, dass, das Kind ein Sozialverhalten annehmen und mehr oder weniger abgewandelt reproduzieren kann, allein durch Beobachtung. Es lernt also Verhaltensweisen, ohne dass sie ihm ausdrücklich beigebracht werden. Gerade in diesem Zusammenhang, ist die Tatsache unverkennbar, dass, unter den angenommenen Verhaltensweisen, auch das Eingehen einer Ehe, Bedauerlicherweise zutreffend ist. Denn, wir werden im Laufe des Lebens auf vielerlei Vorkommnisse vorbereitet. Wir lernen rechnen und schreiben, wir werden in einem Beruf ausgebildet, wir können eine Fahrschule besuchen und wir können auch tanzen lernen. Drei Jahre lang muss man lernen, um Fliesen legen zu dürfen. Aber für das wichtigste im Leben, eben die Ehe, werden wir nicht ausdrücklich vorbereitet. Darin verrät sich eine gesellschaftliche Unterbewertung von Liebe und Ehe, die dem Lebensgefühl und Lebenserwartung des einzelnen Menschen, insbesondere des jungen Menschen schroff widerspricht. Zum Schutz der Ehe reichen Grundgesetze und zivilrechtliche oder strafrechtliche Bestimmungen nicht aus. Hier tut eine erzieherische Vorbereitung Not, die sich nicht in Sexualpädagogik erschöpfen kann, sondern unterliegt, zum Teil, auch sozial- und bildungspolitische Zielorientierung. Nun, wenn ich darüber nachdenke, und das sollte meines Erachtens jeder tun, der vor einer Ehe steht oder sich unmittelbar darin befindet. Auch dann, wäre es nicht zu spät sich ernsthaft damit zu befassen. Ich würde sagen eine vitale Sympathie auf der Es-Ebene muss gegeben sein, dass man sich riechen kann, sich schmecken kann, alles mit den Sinnen wahrnehmbare am anderen als angenehm empfinden kann. Dass man in seinen vitalen Rhythmen übereinstimmt und hier sich mag und einander entspricht. Auf der Ich-Ebene sollte eine Palette dazukommen, mit möglich viele homogene Faktoren wie: Alter, Sozialschicht, Bildungsniveau, Intelligenzgrad, Berufs- und Freizeitinteressen, Konfession und politische Überzeugung. Bedeutsam ist auf der Ebene des Über-Ichs, eine gleich ausgeprägte Eheerwartung, die zwar positiv, aber dennoch nicht idealistisch oder illusionär, sondern durchaus realistisch sein sollte. Eine hohe Gewichtung würde ich einem auf Dauer ausgerichteten Ziel setzen, für das man selber zu opfern bereit ist und für das man den Partner auch als ein lebenslanges

Geschenk betrachtet. Verzeihung und Vergebung möchte ich besonders ins Bewusstsein heben, denn ohne diese Dimensionen, wäre eine Ehe nicht durchführbar.

Arbeitsentfremdung

Im Lauf der geschichtlichen Entwicklung lässt sich feststellen, dass der Mensch stets bemüht war, seine Arbeit durch organisatorische Maßnahmen sowie technische Einrichtungen und Mitteln um ihrem Wirkungsgrad zu erhöhen, sie ergiebiger und produktiver zu gestalten. Ein wesentliches Prinzip für dieses gesellschaftlich wie wirtschaftlich gleichermaßen bedeutsames Ziel, ist die Arbeitsteilung, die in einfachster Form schon als Aufteilung der Arbeit zwischen Mann und Frau vorhanden war. Diese Aufteilung weist zwar eine Abgrenzung der Tätigkeit, hat dennoch ein vielfältiges Aufgabenbereich und damit ein Sinn der Arbeit für die Bezugsperson.

Mit der Ausbildung der modernen Wirtschaft hat sich aber in zunehmenden Maße, die berufliche Arbeitsteilung durchgesetzt, die über eine weitgehende Spezialisierung als Berufsteilung deutlich in Erscheinung getreten ist. Dieser Vorgang wurde im industriellen Zeitalter wesentlich unterstützt und beeinflusst von der technischen Arbeitsteilung mit ihrem entscheidenden Merkmal der Arbeitszerlegung. Nach der einen Aufgliederung eines Arbeitsprozesses, in einzelne Selbständige Teilprozesse erfolgt, zugleich aber auch eine sinnvolle Zusammenfassung oder rhythmische Gliederung der Einzeltakte. Das ganze zu einer kontinuierlichen Abfolge, Reihe oder Serie, um durch diese Art der Konfektionierung, eine wesentliche Erhöhung der Produktivität, und nicht zuletzt der Wettbewerbsfähigkeit zu erreichen. Die in diesem Zusammenhang revolutionär durchbrechende Maschinisierung hat nicht nur die überkommenen Arbeits- und Produktionsverfahren grundlegend verändert, sondern auch zu einer Wirtschaft mit arbeitsteilig industrieller Massenproduktion geführt.

Wenn dabei in den Anfängen des Industrialismus, die Maschine im wesentlichem nichts anderes war, als eine Kopie konventioneller Handarbeit, so erfolgte aus dem eigentlichen Werkzeug, ein weiterer beachtlicher Wandel durch den Übergang von der teilweisen zur der Vollständigen Mechanisierung. Ganze Produktionsvorgänge und Abläufe sind, mittels eines in sich geschlossenen Maschinensystems, in dem numerisch gesteuerte Maschinen, Mechanismen und Arbeitskräfte in zweckmäßiger Verbindung abgestimmt, und zu einer Fertigungsstraße geordnet.

In diesem maschinisierten- mechanisierten- Produktionsprozess, der prinzipiell am laufenden Band vor sich geht, ist der Mensch der technischen Apparatur zugeordnet. Er bedient die Maschine und stellt sich auf ihren Ablauf ein, er richtet sich nach ihrem Takt, in dem er an dem vorbeilaufenden Werkstücke bestimmte vorgegebene Handgriffe, nach strenger Zeiteinteilung verrichtet. Nicht unberechtigt erhob sich die Bange Frage, ob die Automation den Menschen nicht hilflos, einer zwar technisch perfekten, aber inhaltlich Seelen- und trostlose Welt bloßer materieller Substanz mit allen entsprechenden Folgen ausliefert. Die Beantwortung dieser Frage ist insofern dringend erforderlich, vor allem in der Richtung, dass die gesellschaftliche Stellung der Arbeit grundlegend verändert und dadurch der arbeitende Mensch unmittelbar betroffen ist.

Für den Behinderten ist die Berufsgedanke, noch lebenswichtiger als für den gesunden Menschen. Zusammenfassend kann gesagt werden, sowohl für den Behinderten als auch für den gesunden Menschen muss die Arbeit vom ganzen Menschen als Leib- Seele- Wesen ausgehen. Sie muss ethisch und religiös begründet sein, sie muss einen sozialen und kulturellen Bezug haben, wenn sie dauernd befriedigen soll.

Der vielleicht leidenschaftlichste Einspruch gegen die Automation, könnte man mit dem Argument vorbringen, dass die Tätigkeit und Geschicklichkeit des Handwerkers und Handarbeiters, die dem Leben Bedeutung und Sicherheit gibt, nunmehr durch Automation völlig ersetzt wird. Den Arbeiter wird die Gelegenheit genommen, seinen eigenen schöpferischen Beitrag, im Produktionsprozess zu leisten. Das heißt, er kann sich mit seiner Arbeit nicht mehr identifizieren, und das deutet auf eine Entfremdung der Arbeit. Noch mehr, der Mensch wird in der Produktionssphäre zur Ware Arbeitskraft und in der Konsumsphäre zur Ware Kaufkraft verwandelt. Überhaupt ist die Warenform in der Gesellschaft so bedeutend für die Gestaltung der gesellschaftlichen Verhältnisse, dass dadurch alle menschlichen Interaktionsformen dazu tendieren verdinglicht zu werden. Menschliche Reaktionen werden in Objektrelationen verwandelt. Die heutige Situation trägt eine Gefahr in sich, dass der so in seiner Lebensbedeutung reduzierter Beruf, nur als Mittel und Zweck für die Lebenserfüllung in andere Lebensbereiche ist, damit man sich und seine Familie erhalten könne.

Die industrialisierte Massengesellschaft mit ihrer hohen Mobilität hat zum Zerfall der Großfamilie geführt. Die, in den verschiedensten Formen die menschliche Evolution beherrschte.

Homo Sapiens ist nicht biologisch an das molekulare Dasein, in der Kleinfamilie angepasst. Das ist in der Kindererziehung besonders deutlich, wo die Belastung der Eltern heute viel größer ist als früher. Als sich die Aufgaben in der Großfamilie verteilten, immer mehrere Beziehungs- und Aufsichtspersonen vorhanden waren und das Kind durch den Kontakt zu älteren Geschwistern, Nichten, Neffen und Großeltern usw. leichter sozialisiert werden konnte.

Mit dieser steigenden Belastung der Kleinfamilie wächst auch die Gefahr, dass sie versagt und die Kinder nicht angemessen sozialisiert, sondern neurotisiert werden. Heute sind wegen der fortschreitenden Industrialisierung und der Dominanz institutionell verfestigte, nicht nach dem Vis à Vis Prinzip überschaubarer Organisationen, jene kleinen Gruppen selten geworden. Die eben ihre Mitglieder zugleich tragen, nach außen schützen, und ihre Selbstverwirklichung fördern.

Durch die soziale Differenzierung der Neuzeit speziell im Abendland, und das ansteigende Lebensalter aller Volksschichten, verlor das Alter in seiner Gesamtheit sein soziales Prestige und wurde der öffentlichen Kritik, seiner leiblichen und seelischen Senilität ausgeliefert.

Es entwickelte sich eine eigene Sozialschicht der Ausgesteuerten in den Berufsständen, eine vom kulturellen und wirtschaftlichen Leben losgelöste Altersgeneration. Aus angesehenen Zeitgenossen öffentlicher Dienste, wirtschaftlicher Aufgaben und kultureller Verantwortungen, wurde eine in allen Funktionen lahmgelegte Volksschicht minderen Rechtes und als Unterstützungsempfänger abgestempelt. Die Teilung der Altersgruppen ist eine deutliche Begleiterscheinung der starren Generationslinien. Die Jungen kennen die Berufswelt noch nicht, die Erwachsenen leben mitten drin, die Alten haben keinen Zugang mehr dazu. Die staatliche Ordnung der Menschen in Ausbildung, Beruf und Ruhestand hat zur Folge, dass alle Generationen getrennt leben, handeln und fühlen. Die Jungen werden Erwachsene, die Erwachsenen werden alt, und die Alten werden in Altenheime geschoben. Das zeitversetzte Wissenspotential der drei Generationen ist nicht von der Natur vorgegeben, und stellt ein Problem dar. **Hermann Lübbe**, ein Schweizer Philosoph meinte dazu: „ die Ungleichzeitigkeit von sozialer Erfahrung und Wissen löst den Rest an Homogenität, an Verbundenheit der Generationen und damit der Familien auf „. So kommt es dazu, dass die drei Generationen immer weniger voneinander wissen, und die Jungen können ihre Zukunft nur schwer einschätzen, weil sie zu dem Wissen und Erfahrung der älteren Veteranen keinen Zugang finden. Jeder will alt werden, die Jugendlichen wollen schnell Erwachsen werden, die Erwachsenen möchten solange es geht jung bleiben und die Alten sträuben sich dagegen zum alten Eisen ausrangiert zu werden. Es ist die Angst vor dem Morgen, die das Lebensgefühl der drei Generationen bestimmt, und zugleich trennt. Die Spielregeln werden von Erwachsenen in den Politischen Parteien, Industrie und Gewerkschaften bestimmt. Die Erwachsenen verdrängen dabei die Tatsache, dass sie sich mit dieser Strategie der Eingebung gegenüber Jungen und Alten einen schlechten Dienst erweisen. Die Alten können meist nicht anders darauf reagieren, als sich allein in den ihnen verbliebenen Reservate einzurichten, und die Jungen beantworten die selbstgewählte Isolierung der Erwachsenen dann mit ihrem eigenen Schlacht „ wir sind anders „ aber sie sind es nicht.

In einer unablässig sich wandelnde Gesellschaft, die zugleich auf weitere Änderungen eingestellt ist, können die Schulen dazu beitragen, die Kinder auf solchen Wandel vorzubereiten, in dem sie deren schöpferische Fähigkeiten und kritisches Urteil gegenüber der eigenen Kultur wecken. Sie werden dann als Erwachsene einmal leichteren Herzens bestimmte Lebensformen abwerfen und zeitgemäßes, schaffen können.

Der Spielraum für den einzelnen hat sich verengt. Der Traum eine schier allmächtige Entfaltung des Individuums sei möglich, ist aber gegeben.

Es herrscht eine Unfähigkeit, sich in der Gesellschaft Selbst zu äußern und durchzusetzen, weil es fast immer, mächtigere gibt, die den eigenen Spielraum beschneiden. So wendet sich das, an seinem Ideal festhaltendes Individuum, den schwächeren zu, deren Identität man beschneiden kann, um die schmerzlich empfundenen Lücken in der eigenen auszufüllen.

Hilfe zu Selbsthilfe

Hilfe zu Selbsthilfe bietet die therapeutische, oder die auf Emanzipation ausgerichtete Gruppe, die Möglichkeit eines Freiheitsraumes zu Selbstverwirklichung. Das geschieht, in dem gesellschaftliche Zwänge nicht ungültig, aber doch gemildert und vor allem durchschaubar gemacht werden. Das gilt für die Gruppe, die weder die herrschenden Institutionen kopiert noch in ein chaotisches Agieren verfällt. Indem sie unfähig wird, ihre eigene Position in der sozialen Wirklichkeit zu bestimmen, an der sie sich ebenso anpassen muss.

Im Laufe der kulturellen Evolution, hat der Mensch gelernt sich anzupassen, aber auch Situationen zu verändern, wenn er es für notwendig hielt. Die emanzipatorische Gruppe nimmt sich die Chance, die Gesellschaft einigermaßen zu verändern, gerade weil sie echte und Pseudobedürfnisse des Menschen unterscheiden lernt. Auf die Bedürfnisse komme ich später zurück.

Das Sensivitätstraining ist ein Weg zu solchen Gruppen. Es wird im besten Fall die Sozietät menschlicher und die Menschen sozialer machen.

Die wichtigsten Ziele des Trainings sind:

1 - Die Steigerung der Aufmerksamkeit und Empfindlichkeit für emotionale Reaktionen und Ausdrucksformen.

2 - Ein besseres Abstimmen der eigenen Handlungen auf zwischenmenschliche Situationen.

3 - Ein Gewinn an Sensibilität und das Lernen durch

Rückkopplung, sollen dazu führen, dass der Teilnehmer sein eigenes Verhalten in einem neuen Licht sieht und oft zur Korrektur einzelner Verhaltensweisen angeregt wird.

Auf diese Weise gelingt es möglicherweise, einen zum Stillstand gelangten, persönlichen Reifungsprozess wieder anzuregen, größere seelische Elastizität und Toleranz zu gewinnen. Wenn sich jemand für die Aufnahme einer Therapie entscheidet, dann handelt es sich oft um Menschen, die innerlich nicht gerade ausgeglichen sind, wenngleich nicht krank im herkömmlichen Sinne.

Die Aktualisierungstherapie fällt auch unter den Gesamtbegriff „ Therapie für gesunde. Sie ist tatsächlich mit den größten Erfolgen bei normalen, beziehungsweise leicht gestörten Personen angewendet worden. Ein Grundsatz der Aktualisierungstherapie lautet, dass Energie, die aus innersten Konflikten entbunden wird, sofort für Wachstum und schöpferisches Leben verfügbar ist. Die Verfügbarkeit von Energien für Wachstum, verknüpft mit dem Lernresultat, sich entlang der Gefühlspolaritäten zum Ausdruck bringen zu können, eröffnet den Teilnehmer ein weites Spektrum an Aktualisierungsmöglichkeiten.

Das zu sein was man ist, das heißt die Bewusstheit seiner Charakterstruktur, und all das zu werden, was im Bereich des Möglichen steht. Das heißt auch, Vertrauen in das Innerste und Selbstäußerung entlang der Polaritäten, sind das Herz und die Seele der Aktualisierungstherapie.

Das Autogene Training ist eine psychophisioligische Form der Psychotherapie, die mit dem Körper und der Psyche gleichzeitig arbeitet. Durch passive Konzentration auf autogene Formeln, führt der Übende selbst, einen veränderten Bewusstseinszustand herbei und lernt, Körperfunktionen über dem Verstand zu beeinflussen, wodurch es zu einer Normalisierung sowohl körperlicher als auch psychischer Zustände kommen soll.

Im Gegensatz zu anderen Therapien wird das Autogene Training als Mittel zur Selbsthilfe betrachtet. Es heißt den Körper und beruhigt die Seele und spielt eine wichtige Rolle in der Gesundheitsvorsorge. Es findet vor allem bei psychosomatischen Krankheiten wie Kopfschmerzen, Migräne, Magengeschwüren usw. Anwendung, die keine erkennbare Ursache haben. Bei Angstzustände und Unsicherheit werden positive Ergebnisse am schnellsten erreicht. Bei psychischen und körperlichen mit Stress zusammenhängenden Problemen, wie nervösen Spannungen, Angst, Migräne, Schlafstörungen und andere Zustände, bei denen der Stress ein bekannter oder mutmaßlicher Faktor ist, und bei denen medizinische Ursachen durch einen Arzt ausgeschlossen sind, kann eine Entspannungstherapie angewendet werden.

Diese kann auch als Ergänzung zu gleichzeitiger medikamentöser Behandlung, Einzel-, Gruppen- Ehe- oder Familientherapie nützlich sein.

Stress und Spannung sind für ein erfolgreiches Leben notwendig. Wenn der Stress jedoch stärker wird als die Fähigkeit, mit ihm fertig zu werden, wird zu einer Gefahr für die Gesundheit. Heute stehen die Menschen nicht nur wegen des Überlebens, des Arbeitsplatzes, wegen zwischenmenschlicher Beziehungen und der Zeiteinteilung unter Druck, sondern viele leiden unter Reizüberflutung. Außerdem nehmen viele Menschen regelmäßig Drogen und

Lebensmittelzusätze zu sich, die das vegetative Nervensystem angreifen. Hierzu kommt eine gewichtige Belastung des Menschen durch die sich fortwährend verändernde Welt, in der er Schritt halten und dabei aufpassen muss, dass er sich nicht verläuft.

Hier kommt die Bedeutung der Therapie für gesunde, zum Ausdruck. Wobei nur derjenige gesund ist, dessen körperlich-seelische Einheit im Gleichgewicht ist und der mit seiner sozialen Umwelt weitgehend in Übereinstimmung lebt, - im Sinne von der Weltgesundheitsorganisation - das soll die Sache nicht schwieriger machen.

Werbungspsychologie

Bedürfnisse! Hier wird ein großes, wenn nicht das größte Kapital überhaupt daraus geschlagen. Klar wissen sie es auch, so gut wie ich. Es geht um das Massenphänomen Werbung. Die Werbung versucht, mit allem ihr zu Verfügung stehenden Mitteln wie Fernsehen, Zeitschriften und ähnliches, dem Menschen zu beeinflussen. Da die Werbung, nur zum Teil mit sachlichen Argumenten arbeitet, indem sie die Vorteile der Sache darstellt, für die sie eintritt. Sie hämmert bloß durch ständige Wiederholung, ein Paar Namen und Schlagworte ein, die, die Aufmerksamkeit und Interesse ansprechen, Bedürfnisse lebendig halten, gegebenenfalls wecken und damit das Handeln, nämlich den Kauf beeinflussen. Die Werbung stellt auch Lebende Menschen vor, die Vorbilder sein könnten oder eine erotische Anziehungskraft haben, so dass man die Ware kauft, um ihnen zu gleichen oder ihresgleichen zu gefallen. Die Werbemittel sind umso wirksamer, je mehr sie Emotionen provozieren, sich den Wunschbildern der Interessenten einfügen und das Eingehen auf die Werbung als Selbstverständlichkeit erscheinen lassen. Indem man so das Unbewusste anspricht, wird die Kontrolle des Unbewussten umgangen. Die Fähigkeit zur Kritik wird herabgesetzt, durch die auf Breitenwirkung angelegte Werbung. Vor allem in der Virilitas, wird eine Situation geschaffen, in der ein Produkt oder eine Meinung nahezu allgemein als richtig gilt. Jeder Mensch hat mehr oder minder Wunschträume, baut sich in der Phantasie eine Welt nach seinen Idealen und schöpft daraus Kraft für die Überwindung der im Beruf- und Privatwelt auf ihn zukommenden Probleme. Er verbindet damit Teile seiner Umwelt, verknüpft mit seinen Sehnsüchten Irrationales mit Rationalem, und durchschaubares mit viel Undurchschaubares.

Der Mensch bewahrt sich einen Spielraum für solche Vorstellungen, und reflektiert diese oftmals in seinen Handlungsweisen. Den Produzenten interessiert sehr, warum der Verbraucher mit seinem Angebot bestimmte Vorstellungen verbindet. Indem er sein Produkt in einem irrationalen Spielraum seiner Konsumenten positioniert, versuchte er diesen, Gestalt zu verleihen und mehr zu bieten als rationaler Leistungen und Vorteile. Dass es oft bei Versuchen bleibt, lehrt die Praxis. Denn die Eruierung psychologischer Hintergründe schützt den Anbieter nicht vor Fehlentscheidungen, der Stellenwert der Werbepsychologie darf eben nicht zu hoch angesetzt werden. Wenn man davon ausgeht, dass es primäre Aufgabe der Werbung ist, Kaufentscheidungen zu beeinflussen, dann muss definiert werden, was unter Beeinflussung und was eventuell unter Manipulation zu verstehen ist. Versteht man beide als synonyme Begriffe, dann ist die logische Folgerung, dass Werbung manipuliert. Unterscheidet man jedoch Beeinflussung durch Überzeugung und subjektiv positive Darstellung des geworbenen Produkts, dann kann dies nicht gleich mit Manipulation sein, mit der man die weitgehende Ausschaltung des freien Willens eines Subjekts bezeichnet. Ein vermeintlich subjektiv beurteiltes Fehlverhalten eines Konsumenten infolge werblicher Einflüsse, bedeutet nicht, dass Werbung manipuliert hat. Mit anderen Worten: Ein sich unvernünftig verhaltender Konsument, der, beeindruckt durch die werbliche Darstellung eines Produktes, dieses erwirbt, weil er glaubt, es konsumieren zu müssen, berechtigt niemanden die Werbung der Manipulation zu ziehen. Denn, es ihr nicht möglich den freien Willen des Konsumenten über bestimmte Grenzen hinaus auszuschalten. Die Verantwortung in einer freiheitlichen Gesellschaftsordnung, tragen nicht nur Produzenten, Konsumenten, Werbeleute oder der Staat allein, sondern alle gemeinsam. Mit dieser Ausführung habe ich keinesfalls die Werbetechniken in Schutz nehmen wollen, sondern die meist oberflächliche Betrachtung des Kriteriums, die sonst leicht an den Tatsachen vorbei führen, nach meiner Auffassung etwas näher erläutern wollen.

Die Aufgaben und Zielsetzungen der Werbung im Marketing orientierten Absatzbereich, möchte ich wie folgt aufzählen:

- Neue Kundenkreise die sich aus generell Nicht-Verwender oder aus Konsumenten von Konkurrenzprodukten zusammensetzen, zu erschließen.
- Der Verbraucher soll angereizt werden, sich mit dem neuen Produkt vertraut zu machen, weil es ihm einen sichtbaren Vorteil bietet.
- Der Verbraucher soll sich über das Produkt ein Urteil bilden. Die Einführungswerbung hat hierbei die Aufgabe, die Urteilsbildungsprozesse zugunsten des beworbenen Produkts zu beeinflussen.
- Der Verbraucher soll nach dem Erstkauf, durch den Verbrauch, von allen versprochenen Vorteilen überzeugt und zur Dauerverbraucher werden. Sie hat den Marktanteil des beworbenen Produkts zu stabilisieren und zu erhöhen.

Dass der Konsument, seine Entscheidungen nicht nur nach rationalen Kriterien, wie Preis und Grundnutzen fällen soll, ist kein Geheimnis.

Die Anfänge psychologischer Marktanteil beschränkt sich daher, im Rahmen der sogenannten Motivforschung auf die Eruierung der, nach S. Freud unbewusst wirkenden Mechanismen im Menschen, die sich auf undefinierbare und nicht zu konkretisierende Normen wie Gefallen, Zusatznutzen oder Anmutung beziehen. Die seit Jahren intensivierte Forschungsarbeit hat sich zu modernen Markt- und Werbepsychologie wandeln lassen, und zum Forschungszweig der angewandten Psychologie entwickelt. Gleichzeitig ist sie zum Teilgebiet moderner Sozialpsychologie geworden, an deren Ergebnissen der Werbungstreibende nicht mehr vorbeigehen kann.

Die Werbung ködert den Jugendlichen, ohne auch nur eine Spur von Skrupel. Denn die wichtigste Persönlichkeitsentwicklung im Jugendalter liegt darin, dass der Status, den ein Individuum aus seiner Abhängigkeit von den Eltern gewinnt, an Bedeutung verliert und die Bedeutung des primären Status, den er für sich selbst erwirbt, entsprechend steigt.

Da die moderne urbane Gesellschaft unfähig ist, dem Jugendlichen primären Status zu gewähren, konstituieren sich Gruppen gleichartiger, um dieses entscheidende Bedürfnis zu befriedigen. Die Gruppe der gleichaltrigen ist während des Jugendalters auch die Hauptquelle für abgeleiteten Status. In dem der Jugendliche sich Aufnahme in der Gruppe verschafft, sich Gruppeninteressen unterordnet und sich von der Billigung der Gruppe abhängig macht, gewinnt er einen Grad von innen her bestimmter Selbstachtung, der von seinen Leistungen oder relativen Status in der Gruppe unabhängig ist. Dieses Wir-Gefühl verschafft dem Jugendlichen das Gefühl der Geborgenheit und der Zugehörigkeit, es ist eine wirksame Ich-Stütze und begründet Loyalität gegenüber den Gruppennormen.

Die Gruppe der Altersgenossen liefert ein neues Bezugssystem und beseitigt so die Desorientierung sowie das Gefühl, den Boden unter den Füßen verloren zu haben. Zwei Phänomene, die damit einhergehen, dass der Jugendliche zusammen mit dem biosozialen Status der Kindheit auch das kindliche Bezugssystem aufgegeben hat.

Die Desorientierung ist im frühen Jugendalter wegen der narzisstischen Stellung des Jugendlichen in der Gesellschaft und seiner Ablehnung durch die Erwachsenen besonders schwerwiegend. Die Normen die, die Gruppe entwickelt, retten ihn aus dem Niemandsland der Orientierung und befreien ihn von Unsicherheit, Unentschlossenheit, Schuldgefühl und Angst im Bezug auf die richtige Art zu denken, zu fühlen und sich zu benehmen. In dem der Jugendliche seine primäre Treuepflicht auf die Gruppe der Altersgenossen überträgt und dadurch dass er Wertvorstellungen außerhalb des Elternhauses sucht, nähert er sich mit großen Schritten der Emanzipation. Er findet eine neue Quelle grundlegender Sicherheit, die an die Stelle der Bindung an die Eltern tritt, die ihn bisher in kindlicher Abhängigkeit gefangen hielt. In dem der Jugendliche seinen Altersgenossen die Autorität verleiht, Normen festzusetzen, bekräftigt er sein eigenes Recht auf Selbstbestimmung, da er sich offensichtlich nicht von ihnen unterscheidet. Er braucht sich nicht implizit zu der Ansicht zu bekennen: Nur die Eltern und andere Erwachsene könnten bestimmen, was richtig ist. Durch die emotionale Unterstützung, die der Jugendliche in der Gruppe erfährt, bekommt er Mut, die elterliche Herrschaft abzustreifen. Die Gruppe der Altersgenossen dient außerdem als Bollwerk gegen die Autorität, in dem die Jugendlichen, ihren gemeinsamen Widerstand in die Gruppe einbringen und Barrieren gegen Einmischung der Erwachsenen aufrichten. Es gelingt ihnen, Erwachsene auszuschließen und sich vor den Zwangsmaßnahmen, zu denen die letzteren neigen, zu schützen.

Die vorangegangenen Analysen, dürften ein Beleg dafür sein, dass die Majorität der Jugendlichen davon überzeugt sind, dass es für die Befriedigung ihrer Bedürfnisse nach Liebe, Anerkennung und Kommunikation von zentraler Bedeutung ist, wie man sich kleidet, schminkt und frisiert. Sie unterliegen den Zwang, gleichzeitig die verschiedensten Ansprüche, die ihrer Ansicht nach mit ihrem Aussehen verknüpft werden, zu genügen. Den Anpassungsdruck von Freunden und Freundinnen, nicht zuletzt von Erwachsenen Autoritätspersonen zu beugen, um ja nicht als Außenseiter isoliert zu werden. All das führt dazu, dass das Modeverhalten bedingt wird durch die ständige Angst, falsch angezogen, falsch geschminkt oder falsch frisiert zu sein. Dass die Jugendlichen solche Befürchtungen nicht, oder selten direkt äußern, sondern im Gegenteil ihre Freiheit betonen und die Mode positiv einschätzen, ist auf verschiedene Faktoren zurückzuführen. Z. B. darauf, dass man der Modewerbung glaubt, die nicht müde wird, die Freiheit in Sachen Mode zu suggerieren. Dass viele Jugendliche sich schämen, ihre Ängste und Befürchtungen offen einzugestehen. Da die Mode mit dem Charakter zwanghafter Selbstverständlichkeit auftritt, kann man sich also gar keine

Alternativen vorstellen. So wird oft Autonomie behauptet und gleichzeitig erklärt, dass man durch sein Äußeres anderen gefallen möchte. Vieles deutet daraufhin, dass die Angst, bestimmten ästhetischen Kriterien nicht zu genügen, unmittelbar verknüpft ist mit der allgemeinen sozialen Situation und den sie begleitenden Zwängen, Frustrationen und Drohungen. Die ästhetische Gruppennorm wirkt oft umso stärker, je isolierter das Individuum ist, und je geringer seine kommunikative Chancen sind.

Die anerkanntesten und einflussreichsten Personen innerhalb sozialer Gruppen greifen neue Moden in der Regel erst relativ spät auf. Man kann dagegen beobachten, dass häufig kontaktarme Jugendliche sich besonders sklavisch der jeweiligen Mode oder Subkulturmode unterwerfen. Und dass in der Regel gerade die Cliquen, in denen kaum Kommunikation statt findet, (die sich in überfüllten Lokalen, wo die lautstarke Musik jedes Gespräch verhindert, treffen) besonders viel modischen Aufwand betreiben. Der Zwang, durch modische Kleidung „ In „ zu sein ist offenbar groß.

Da unser Gesellschaftssystem hierarchisch geordnet ist, und von unbefragbaren Autoritäten organisiert wird, kann unser Triebpotential in der Regel nicht in lustvolle Erfahrungen angesetzt werden. Lt. **Mitscherlich**.

Die deshalb notwendige Triebverdrängung provoziert Abwehrhaltungen gegenüber allem, was die verdrängten Wünsche bewusst machen könnte: Dies möchte man folgendermaßen verstehen „ um die Stimme der Selbstwahrnehmung zum Schweigen zu bringen, muss man sich ablenken „. Das kann sich in übertriebene Bemühungen um Kleidung, vor allem aber in Vorurteilen, Intoleranz und Diskriminierung anders Erscheinender, äußern.

Man war früher der Ansicht, dass Mode zu einem großen Teil dem Bedürfnis der Privilegierten nachkommt, sich von den anderen um jeden Preis zu unterscheiden und eine Barriere zwischen sich und ihnen zu errichten. Denn es gibt kaum etwas, was den Edelleuten ihre modischen Gewände mehr verleidet, als sie von Menschen der untersten Schicht getragen zu sehen. Also müssen neue hochwertige Gewände erfunden werden oder Unterscheidungsmerkmale anderer Art, wobei das Bedauern jedes Mal groß ist, wenn man feststellt, dass sich alles verändert hat und die Mode der Bürger der Mode der Personen vom Stand immer ähnlicher wird. Da unter Mode nicht nur die Art sich zu kleiden zu verstehen ist, sondern auch zu benehmen, ebenso die Art bei Tisch zu empfangen, berührt sie alle Bereiche und fungiert als Orientierungsmittel für jede Kultur. Zur Mode gehört auch die Art zu gehen und zu grüßen, den Hut abzunehmen oder nicht.

Auch die Körper-, Gesicht- und Haarpflege gehört in den Bereich der Mode. Man kann erleben, dass auch die Mode einen Auf und Ab unterliegt, den Trends vergleichbar, den die Wirtschaftsexperten tagtäglich an der Preisbewegung beobachten.

Veränderungen innerhalb einer Bevölkerungsstruktur sind meist durch politische Umstürze möglich, die das ganze Gefüge erschüttern.

Neben dem politischen, wirtschaftlichen und ideologischen Aspekte, war auch die Mode immer von den aktuellen Veränderungen betroffen. Als die Araber Indien eroberten, übernahmen zumindest die wohlhabenden Familien die Kleidung der Eroberer. Auch im osmanischen Reich, war es nicht anders. Überall wo die Macht und der Einfluss der Sultane spürbar wird, trugen die höheren Stände deren Kleidung. Von Nordafrika bis zum christlichen Polen, wo die türkische Tracht erst verhältnismäßig spät, der französischen Mode des achtzehnten Jahrhunderts weichte.

Dass die Mode, die Frauen in Europa in ihrem Bann hielt, erregte kaum das Gemüt im Orient. Dort wo man unter türkische Besatzung stand, veränderte sich die Frauenmode dreihundert Jahre lang nur unwesentlich.

Im sechzehnten Jahrhundert adaptierten die oberen Gesellschaftsschichten das Kostüm der Spanier aus schwarzem Tuch- ein Zeichen für die politische Vorherrschaft des Weltreiches der katholischen Könige-. Im siebzehnten Jahrhundert wird diese Mode von der sehr bunten französischen abgelöst, die sich selbst in den spanischen Herrschaftsschichten durchsetzte. Doch das Nachahmen machte nicht bei der äußeren Erscheinung halt, denn, es gehörte mehr dazu, um dazu zu gehören.

Schon zu allen Zeiten war der Innenraum ein klares Zeichen für die Lebensart seines Bewohners. Auf keinem anderen Gebiet wird der einzelne Mensch zu einem so freien persönlichen Gestalter, wie in seinen eigenen vier Wänden. Darum ist es so interessant, diese Ansprüche einmal durch einige Jahrhunderte retrospektiv, zu verfolgen.

Die Inneneinrichtung ist also ein Stück Kulturgeschichte. Wieder ist es interessant festzustellen, dass sich nicht nur die Möbelstücke und der Geschmack der Einrichtung durch die Jahrhunderte veränderten; auch das Proportionsgefühl für die Raumgrößen sowie das Verhältnis von Möbeln zum Raum sind einem ständigen Wandel unterworfen. Die Innenausstattung war sehr bescheiden, das Mobiliar bestand meist nur aus Bank, Tisch und Truhe. Die Bank war zunächst ein fest eingebautes Möbelstück aus Stein und Holz, die Truhe war das wichtigste Möbelstück des Mittelalters, das Lieblingsstück der Hausfrau. Der Schrank entstand erst aus der Übereinandersetzung mehrerer Truhen. Die Betten waren immer zweischläfrig. Sie waren mit Strohsack, Kissen und Zudecke versehen. Die Armen lebten im Abendland auf dem Land oder in der Stadt, in beinahe völliger Mittellosigkeit. Sie besaßen entweder keine oder nur wenige Möbelstücke, zumindest nicht vor dem achtzehnten Jahrhundert, als man gewisse Luxusartikel wie Stühle, Wollmatratzen und Federbetten zu den elementarsten Bedürfnissen zu rechnen begann.

Napoleons Aufstieg zum Konsul und Kaiser, schuf die Voraussetzung für den Stil des Empire. Es sollte der Ausdruck von Majestät und Monumentalität sein, und zwar so unmissverständlich, dass die alten europäischen Dynastien den korsischen Eroberer auch hierin als Autorität sehen mussten. Durch die Architekten wie **Gilly, Castell** und **Thouret,** war der neue Stil um 1800 nach Deutschland gekommen.

Er bestimmte z. B. die Ausstattung der Räume für **Königin Luise** im Berliner Kronprinzenpalais, sowie im Potsdamer Stadtschloss. Von der Romanik, Gotik, Renaissance, Barock, Rokoko und Zopfstil, ist der Empirestil wohl der kühlste Stil aller Epochen. Trotzdem kann er von großer Schönheit sein, denn vorherrschend ist hier ein starkes Proportionsgefühl. Charakteristisch für Möbel des Empire sind das dunkle Mahagoniholz, die Bronze- und Messing-Beschläge sowie die antiken Dekorationsmotive. Eine strenge Symmetrie beherrschte den Raum. Den Abschluss dieser klassizistischen Zeit bildet die Zeit des Biedermeiers. Diese

Stilbezeichnung für die Wohnkultur im deutschsprachigen Raum, war mehr oder weniger ein Stil des Bürgertums, bedingt durch die Anspruchslosigkeit, zu der jene Generation nach dem großen Krieg gezwungen wurde. In dieser Zeit besinnen sich die Menschen wieder auf das einfache, leichte, sparsame und zierliche, nach der Eleganz und Glorie des Empires. Die Zeit des Biedermeiers umfasste nur eine kurze Epoche etwa 1830 bis 1850. Wie immer sind Menschen nach einer Zeit klassischer Formen bereit, sich schwingenden Kurven zuzuwenden. So folgte auf die Zeit der Renaissance die, des Barocks, und so ist am Ende der klassizistischen Epoche, der Mensch hatte das Bedürfnis eines zweiten Rokoko zu finden. Und das sind die Möbel der Urgroßelterngeneration, die den Stil des ausklingenden neunzehnten Jahrhunderts bildeten. Die Industrialisierung brachte einschneidende Veränderungen für die Wohnsituation mit sich. Die Küche ist als erster Raum von der Technik erobert worden, eine ganze Reihe von elektrischen Geräten stand der Hausfrau zu Verfügung. Mit dieser Entwicklung ist die räumliche Verkleinerung der Küche einhergegangen, so dass sie zum Nebenraum zusammengeschrumpft ist. Die Zuführung von Elektrizität, Wasser und teilweise von Gas, bildeten die elementarsten Infrastrukturen, welche den modernen Haushalt in der Stadt und auf dem Lande erst existenzfähig machten. Man könnte unendlich weitere Vorteile aufzählen, die, vom Abwasserentsorgung, Müllabfuhr über die Telefonverbindung bis hin zum Radio und später Fernsehanschluss und darüber hinaus reichen.

Diese Passage durch den Modewandel, zeigt uns eine Parallele zum heutigen Modeverhalten. Auch wenn nicht im gleichem Ausmaß, dennoch, ist ein Zwangsverhalten unverkennbar.

Humanistische Ansätze

In unserer heutigen Gesellschaft, die aus humanistischer Sicht, durch eine tiefgreifende Kulturkrise gekennzeichnet ist, die sich in der Entfremdung des Menschen von der Natur, von seiner Arbeit, seinen Mitmenschen und sich selbst, zum Ausdruck kommt. Den Verlust traditioneller Werte, das Gefühl der Sinnlosigkeit trotz materiellen Wohlstandes, die Identitätsgefährdung vieler Menschen sowie psychosoziale Probleme sind früher oder später unausweichlich.

Die humanistische Psychologie hat sich an der Aufgabe beteiligt, neue Antworten auf die Frage nach dem Sinn und der Daseinserfüllung des menschlichen Lebens in einer technologisch bestimmten Welt zu suchen.

Um zu einer aus der humanistischen Psychologie entstandenen Therapie Stellung nehmen zu können, müsste man sich mit den humanistischen Theorien befassen. Daher wird es mir erlaubt sein, einige Gesichtspunkte der humanistischen Psychologie in den Bereichen Theorie, Praxis und Forschung anzugehen.

Obwohl die humanistische Psychologie eine Wissenschaft ist, unterscheidet sie sich doch insofern deutlich von anderen psychologischen Systemen, als sie bestimmte philosophische Theorien über den Menschen für bedeutsam hält. Dies ist eines der bedeutungsvollen und charakteristischsten Merkmale dieses zeitgenössischen psychologischen Systems.

Die Experimentalpsychologie **Wilhelm Wundts**, die **Freudsche psychoanalytische Schule** und der **Behaviorismus Watsons**, sind nach wie vor stolz auf ihre Unabhängigkeit von der Philosophie. Im Gegensatz dazu kritisiert die humanistische Psychologie jene Theorien über das menschliche Leben, die diese mechanischen Aspekte menschlichen Verhaltens hervorheben und die Naturwissenschaften zum Vorbild nehmen. Obwohl besonders von den Deutschen Psychologen wiederholt Versucht, Faktoren wie Sinn und Wert im menschlichen Leben hervorzuheben – im Gegensatz zu der Auffassung vom Geist als Mechanismus -, hatten diese doch nicht zu voll entwickelten psychischen Systeme geführt. Oder die wissenschaftliche Gültigkeit ihrer Methoden und Begriffe konnte nicht bewiesen werden. Obwohl in Deutschland Theoretiker wie **Dilthey** und **Spranger** ihre Bemühungen auf dieses Problem konzentrierten. In der humanistischen Psychologie kamen viele Psychologen verschiedener Herkunft zusammen, um zu zeigen, dass menschliches Leben und Verhalten ein umfassendes System ist, in dem Werte, Ziele und Sinn eine wesentliche Rolle spielen. Sie hofften, die Bedeutung dieser Faktoren mit wissenschaftlich gültigen Methoden und Begriffen nachweisen zu können.

Dieser Denkansatz brachte die Psychologie in eine enge Beziehung zur Philosophie, das heißt, es würde wieder Wert auf systematisches Denken über die menschliche Existenz in der Welt gelegt.

Ein Lehrsatz der humanistischen Psychologie, über den allgemein Übereinstimmung herrscht, lautet, dass man sich bemühen muss, die Person als Ganzes zu erfassen und zu verstehen.

Die experimentelle Psychologie hat diese Aufgabe niemals erfolgreich gelöst, auch der amerikanische Behaviorismus nicht. Von den Begriffsthemen europäischen Ursprungs hat die Gestaltpsychologie die überzeugendste Vorstellung vom Individuum als ein Ganzes entwickelt. Aber die Gestaltpsychologen konzentrierten ihre einschlägigen Forschungen mehr auf die wahrgenommene als auf die handelnde Ganzheit.

Die Psychoanalytiker hatten zwar ein Konzept von der Person als Ganzem, doch war ihre Theorie über das Verhalten gesunder Menschen für viele nicht überzeugend, besonders nicht im Hinblick auf deren Ziele. Manche Analytiker verspotteten gar die Idee, dass es einen gesunden Menschen überhaupt geben könne. Bis in die jüngste Zeit haben Versuche, die Gesamtperson aus Teilen, die aus Experimenten oder aus der Beobachtung spezifischer Funktionen und Verhaltensweisen gewonnen worden, zusammenzusetzen, das Feld beherrscht. Außerdem wurde das Individuum, gemäß den Regeln moderner Wissenschaft, als Mitglied einer Gruppe erforscht. Die Erforschung des einzelnen Individuums wurde nicht als eine angemessene wissenschaftliche Aufgabe angesehen.

Schon früher, sind Versuche unternommen worden, besonders von **Wilhelm Dilthey** und **Eduard Spranger**, sich von dieser Auffassung zu distanzieren. Beide versuchten, gegenüber dem erklärenden Vorgehen, die Methode des Verstehens einzuführen, als der einzig angemessene Weg, die Person als ein Individuelles Ganzes zu erfassen. Will man einen Menschen in seiner Ganzheit verstehen, muss man seine ganze Lebensgeschichte kennen. Es ist ein seltsamer Widerspruch, dass in der psychiatrischen Praxis, auf die Erhebung der Anamnese des Patienten, auf der einen Seite immer besondere Sorgfalt verwendet wurde, während andererseits in der psychologischen Behandlung selten eine

Beziehung zu einem Lebenslauf als Ganzen hergestellt wurde.

Weder die Psychologie noch die Psychiatrie haben sich intensiv mit dem Stadium des menschlichen Curriculums Vitae befasst. Der Grund dafür liegt hauptsächlich in den methodologischen Problemen, die sich bei der Zusammenstellung und Ordnung des notwendigerweise umfangreichen Materials ergeben.

Humanistische Psychologen stehen dem gleichen Problem gegenüber, wenn sie den Menschen als eine Ganzheit verstehen wollen. Dann kann es nur darum gehen, eine Methode zu entwerfen, die es erlaubt, objektive Informationen über die Lebensgeschichte eines Menschen zusammen, mit einer Beurteilung seiner inneren Einstellungen und Reaktionen auf Ereignisse in seinem Leben darzustellen.

Charlotte Bühler hat dies in ihrem ersten Entwurf zu biographischen Studien schon 1933 versucht, in der sie die Abfolge äußere Ereignisse im Leben eines Menschen in Übereinstimmung mit der Abfolge seiner inneren Erfahrungen und Hervorbringungen darstellte. Sie legte besonders auf die Interaktion mit der Umwelt und die Bedeutung des individuellen Selbst hohe Gewichtung, was später auch in der Theorie der offenen Systeme hervorgehoben wurde. Der humanistische Psychologe sieht zwar in erster Linie seine Aufgabe darin, ein theoretisches Modell von Menschen als einen positiv eingestellten, aktiven und sinnvoll handelnden Wesen zu entwickeln. Er befasst sich aber in zweiter Linie auch mit seinem eigenen Lebensvollzug. Er steht dem Leben nicht fern als einer, der Introspektion betreibt und Hypothesen aufstellt. Das Behandlungszimmer des Klinikers, in seiner klassischen Funktion als isolierter

Schonraum, ist heute kein Abbild der Realität mehr. Der Forscher wie der Kliniker werden, wenn sie den Menschen erforschen und ihm dienen wollen, täglich mit der kulturellen Krise der Zivilisation in ihrer ganzen Vielfältigkeit und bedrängende Aktualität, konfrontiert. Der humanistische Psychologe kann es sich nicht leisten, der Konfrontation mit der absurden Welt von heute auszuweichen. Er trennt das Leben seiner Patienten und sein eigenes von diesen Problemen nicht ab.

Auf dem Gebiet humanistischer Psychologie, ist ein bedeutsames Verdienst, der in der Arbeit von **Rogers** darin liegt, dass er psychotherapeutische Verfahren auf Schallplatten und Tonbändern dem Studium zugänglich gemacht hat. Denn bis dahin war die Therapie entweder als eine okkulte Wissenschaft oder als ein Geheimnis und geheiligter Ritus behandelt wurden. Rogers hatte den Mut, diese Vorstellung von Geheimnis der Eingeweihten entgegen zu treten und allen Analytikern und nicht Analytikern die Möglichkeit zu eröffnen, das, was in einem psychotherapeutischen Prozess geschieht, zu prüfen und zu vergleichen. Rogers stellte nicht nur Hypothesen auf, er praktizierte auch ein völlig neues Verfahren zur Behandlung von Klienten.

Der Therapeut schafft in der Klientenzentrierten Therapie Bedingungen der therapeutischen Interaktion, die umgekehrt den Bedingungen sind, die von der Theorie als verursachende Umgebungsbedingungen angesehen werden. In der Erklärung von Fehlanpassung ist die Kommunikation, z B. zwischen Eltern und Kind, die schrittweise zu einer Übernahme fremder Bewertungsmaßstäbe geführt hat, zu verstärkter Abhängigkeit von anderen Menschen, zu verzerrter Wahrnehmung der eigenen Person und andere.

Die Kommunikationsbedingungen der Klientenzentrierten Therapie, sind dann entsprechend umgekehrt. Der Therapeut tritt dem Klienten mit Wertschätzung gegenüber, er verhilft ihm zu intensiverer Selbsterfahrung, legt zentrales Gewicht auf dessen Internalen Erlebnisrahmen. Neben der Förderung einer interpersonalen Kommunikation des Klienten durch einfühlendes Verstehen, wertschätzender Einstellung im Rahmen eines erfahrungskongruenten Verhaltens des Therapeuten, gilt für die Einbringung eigenen Erlebens, dass der Therapeut Wahrnehmungen als subjektive Erlebnisäußerungen einbringt. Dies kann der Klient in seiner Erfahrung verifizieren, falsifizieren oder teilweise integrieren, da sie keine überprüfbaren, objektivierenden Beurteilungsmaßstäbe sind. Damit steht auch die Vermeidung von Diagnosen, im Zusammenhang psychologisierenden Beschreibungen und Klassifikationen. Der Therapeut achtet die Bedürfnisse des Klienten nach Selbstachtung, in dem, Kritik, Tadel, Zweifel und Beschämung seiner Person ausgeschlossen werden. Die Vermittlung einer wertschätzenden Beziehung ist vom Therapeut her nicht an Bedingungen geknüpft. So bringt er ihm Wohlwollen entgegen, auch wenn der Klient unangenehme Dinge berichtet oder Rückschritte macht. Durch die Art der Beziehung vergegenwärtigt der Klient sich zunehmend unangenehme Inhalte, Angst und Bedrohung und baut sie in sein Selbstkonzept ein, bzw. modifiziert diese.

Rogers geht davon aus, dass das Individuum, das im Moment noch nicht nach therapeutischer Hilfe sucht, eine organisierte Struktur der Wahrnehmungen von seinem Selbst und dem Selbst in Beziehung zur Umwelt hat. Diese Struktur ist in den Einzelelementen zwar fließend, aber grundsätzlich stabil und dem Bewusstsein zugänglich. Diese Selbststruktur wird als ein System von Hypothesen zur Lebensbewältigung betrachtet, wobei diese Hypothesen von einem objektiven Standpunkt der Realität aus, auch ungenau oder falsch sein können. Solange eine Widersprüchlichkeit nicht wahrgenommen wird, kann das Selbst positiv bewertet und akzeptiert werden. Das Verhalten stimmt mit den Hypothesen und den Konzepten der Selbststruktur überein und das Ausmaß einer bewussten Spannung bleibt minimal.

Wenn das Individuum beim Zusammentreffen seiner Bedürfnisse mit der Realitätssituation Widersprüche wahrnimmt oder die Organisation der Selbststruktur dabei nicht mehr wirksam ist, wird eine Therapie für das Individuum bedeutsam. Wahrnehmungen von Erfahrungen, die im Widerspruch zur gegenwärtigen Struktur des Selbst stehen, sind bedrohend und werden daher verzerrt, verleugnet oder unzutreffend symbolisiert. In der Gesprächspsychotherapie wird einem solchen Individuum nunmehr eine entspannte, einfühlende Atmosphäre zugänglich gemacht. In der er, in der Beziehung zu seinem Therapeuten nach und nach einem Freisein von Bedrohung erfährt, das völlig neu für ihn ist. Die harte, festbegrenzte Gestalt der Selbstorganisation entspannt sich und wird abgelöst durch flexiblere, ungenauere Strukturen. Ein Individuum, das bei diesen situativen Gegebenheiten sein Wahrnehmungsfeld zu erforschen beginnt, macht Erfahrungen die ihm zuvor nie deutlich waren, die dem Bild, das es von sich gehabt hat, widersprechen und es bedrohen. Daraufhin wird sich das Individuum für eine gewisse Zeit auf einer früheren, weniger bedrohliche Gestalt zurückziehen, dann aber langsam, Schritt für Schritt, die widersprüchliche Erfahrung in eine neue, veränderte Gestalt integrieren.

Diese neue Konfiguration des Selbst enthält Wahrnehmungen, die bisher geleugnet wurden sowie eine präzisere Symbolisierung des größeren Erfahrungsspektrums. Nach einer Phase ohne ein festes Konzept vom Selbst erfolgt eine Reorganisation, die im wesentlichen dadurch ermöglicht wird, dass der Psychotherapeut, die vom Klienten zuvor geleugneten Wahrnehmungen des Selbst genauso akzeptiert und sich ihnen entspannt zuwenden kann. Durch die Symbolisierung und Ausdifferenzierung des so gewonnenen und erweiterten Erfahrungshintergrundes wird die Selbststruktur fester und zu einer verlässlichen Grundlage für das Verhalten. Die positiven Selbstgefühle und Einstellungen treten in den Hintergrund und das Individuum empfindet weniger Erfahrungen als bedrohlich, da das neue Selbst mit der Gesamtheit der Erfahrung wesentlich besser übereinstimmt.

Den Motor dieser gesamten Fortentwicklung sieht Rogers in der grundlegenden Tendenz des Individuums zur Erhaltung und Weiterentwicklung des Organismus und des Selbst. Aufgrund dieser Tendenz neigt das Individuum in der Therapie eher zur Reorganisation als zur Desorganisation, und der therapeutische Prozess ist danach, die Realisation von seit der Geburt des Individuums festgelegten Schritten.

Typologien

Man gewinnt den Eindruck, dass die Psychologie selbst zweigeteilt ist. Einerseits handelt es sich um die physiologische Psychologie, die den biologischen Wissenschaften am nächsten steht. Andererseits um die Sozialpsychologie, die ihre Hauptberührungspunkte mit den sozialen Forschungsgebieten hat. Diese beiden Forschungsgebiete, trennt eine tiefe Kluft. Denn sie nehmen selten Bezug aufeinander, bei der Veröffentlichung ihrer Forschungsarbeiten. Und nur wenige ihrer Leser sind mit beiden Sparten vertraut. Die Folge ist, dass die Kluft, welche die biologischen Wissenschaften und den sozialen Forschungsbereichen trennt, mitten durch die Psychologie geht.

Eigentlich sollte der Begriff Persönlichkeit beide Seiten innerhalb der Disziplin der Psychologie vereinigen.

Es gibt eine Vielfalt von Typologien, die kaum miteinander zu vergleichen sind. Zum Beispiel die sechs Typen von **E. Spranger** und die Konstitutionstypen von **E. Kretschmer.**

Eine Typenlehre steht immer zwischen der Ebene der Eigenschaften und der Ebene der ganzen Persönlichkeit. Sie strebt danach, viel von der ganzen Persönlichkeits-Organisation zu erfassen, wenn nicht überhaupt alles. Unter diesem Gesichtspunkt kann man argumentieren, dass Introversion oder Somatotonie einen empirischen Typ darstellen. Aber selbst empirische Typen geraten in Schwierigkeiten. Diese hängen damit zusammen, dass der Begriff des Typs selbst Diskontinuität mit sich bringt. Er impliziert, dass einige Menschen zu einem Typ passen, andere passen zu einem anderen Typ, und andere fallen ganz heraus. Die Unannehmlichkeit besteht darin, dass klar abgegrenzte Einteilungen dieser Art in einer menschlichen Population nicht gefunden werden. Man könnte nur sagen, dass einige Menschen, einige Attribute von einigen Typen besitzen. Um die Doktrin der empirischen Typen über Wasser zu halten, ist es nötig, zu sagen, dass die meisten Menschen Mischtypen darstellen. Sie können z. B. introvertiert als auch extravertiert, sowohl cerebrotonisch als auch somatotonisch sein. Dies könnte den Anschein der Diskontinuität retten und trägt gleichzeitig der tatsächlichen Kontinuität Rechnung. Im Klartext, will es heißen, dass die empirische Typen-Doktrin wirklich nicht hilft, die Struktur der menschlichen Persönlichkeit zu repräsentieren. Der wirkliche Schaden, den die Doktrin empirischer Typen anrichtet, besteht darin, dass sie impliziert, dass eine Persönlichkeit voll unter einen Typus zu subsumieren sei. Trotz der negativen Meinung über Typologien, muss man zugestehen, dass es manchmal ganz produktiv sein kann. Und das, mit einem Hinweis auf Typen irgendwelcher Art zu beginnen.

In neuerer Zeit ist die Forschung durch die Postulierung von Konstitutionstypen, perzeptualen, und kognitiven Typen, Typen der Reife und Unreife etc. angeregt worden, um nur einige Beispiele zu nennen. Die Typen-Doktrinen mögen, kurz gesagt, einen guten Ausgangspunkt für die psychologische Theorie darstellen. Aber es ist kümmerlich mit ihnen aufzuhören. Um es etwas konkreter auszudrücken, kann man sagen, dass Forscher, die mit Typen begonnen haben, oft zu wertvollen Informationen in Bezug auf komplexe Eigenschaften gelangen. Aber zu sonst nichts, was von Bedeutung wäre.

Ein kurzer Überblick:

Typologie ist ein System der Einteilung menschliche Charaktere. Ausgehend von Merkmalen, die bei sehr vielen Menschen ähnlich auftreten, und durch die sie sich von anderen Einzelnen oder Gruppen deutlich unterscheiden. Meist wird eine Kombination verschiedener Eigenschaften als kennzeichnend für einen Typ angesehen. Nicht alle Menschen eines Typs haben diese Merkmale. Aber doch ein Jeder, so viele von ihnen, dass man auf ähnliche Charaktere, schließen und ähnliche Verhaltensweisen, erwarten kann. Doch jeder einzelne Mensch hat auch stets andere als die typischen Eigenschaften. Manche Typologien beruhen auf Erfahrung und lassen sich nicht zu einem System ordnen, das irgendwelche Voraussagen über Unbekannte erlaubt.

Für die wissenschaftliche Psychologie sind erst die Versuche zu einer begründbaren Ordnung fruchtbar. In einigen dieser Ordnungen wird jedem Typus nur ein wichtiger Grundsatz zugeordnet. Für den Schüler und Gegenspieler Freuds C. G. Jung, war der Gegensatz zwischen introvertiert und extravertiert entscheidend. Freud selbst zeichnete den Anal-Charakter nach, der, durch eine gesteigerte Bedeutung der analen Kindheitsphase und die Reaktionen darauf bestimmt wird. Das bedeutete aber schon eine Kombination von Merkmalen die sich auf einander beziehen und eine gemeinsame Ursache haben. Ähnlich könnte man von einem Oral- oder Urethral-Charakter sprechen. Doch wurde der Ansatz zu einer psychoanalytischen Typologie kaum in diesem Sinne ausgebaut. Großen Einfluss hatte die Konstitutionslehre von **Ernst Kretschmer**, der eine Beziehung zwischen Körperbau und Charakter nachwies.

S. Willhart Schlegel geht von einer Reihe zwischen männlichen und weiblichen Körperformen aus, in der fast die Hälfte aller Menschen, zu Zwischentypen gehören soll. Aus dieser Zuordnung werden viele Formen des Verhaltens besonders in sexueller Beziehung erklärt. Andere Typenlehren beziehen sich auf Wertvorstellungen, die einer Gruppe von Menschen gemeinsam sind. Das gilt vor allem für die Typologie des Philosophen **Eduard Spranger**. Er stellte sechs Typen dar: den theoretischen, den ökonomischen, den ästhetischen, den sozialen, den macht- und religiösen-Menschen. Viele Menschen werden Beamte oder Soldaten, Priester oder Wissenschaftler, Kaufleute oder Künstler, weil ihr Charakter sie dazu drängt. Alle Typologien leiden darunter, dass man die Fülle menschlicher Charakterentwicklungen in kein System fügen kann.

Immer gibt es Mischtypen, die sich kaum definieren lassen, oder Ausnahmen die, die Regeln in Frage stellen. Auch Frauen lassen sich meist noch weniger einem bestimmten Typ zuordnen als Männer. Schon die Vielfalt der Typenlehre zeigt, dass sich auf keine Weise den Wesen eines Ausgangspunkts jeder Persönlichkeitstheorie sei, einzelnen aufgrund von Gruppenmerkmalen wirklich erschließen lässt. So nützlich eine erste Orientierung auf Grund des Typs aus sein mag.

Die Kritik **G. W. Allport** ist schon berechtigt, obwohl er selbst über fünfzig verschiedene Definitionen diskutierte und dabei nur die Oberfläche ankratzte.

Der heutigen Persönlichkeitspsychologie liegen, physiologische, neurologische, anatomische, biochemische, zoologische, anthropologische, sozialphilosophische, psychiatrische, usw. Forschungsergebnisse vor. Nur um eine

Typologie die das gesamte Individuum umfasst, müssten so viele Typen wie Menschen geben. Jeder Mensch weicht mehrfach von dem hypothetischen Durchschnittsmenschen ab. Das fängt schon beim Säugling an. Ich erinnere hier, dass jeder Säugling einmalig ist! Individualität ist also ein Hauptmerkmal des menschlichen Wesens. Dies muss der Ausgangspunkt jeder Persönlichkeitstheorie sein.

Obwohl unsere Welt von ehrgeizigen und fleißigen Menschen förmlich übersättigt ist, (siehe die arbeitslosen Akademiker und viele andere Fachleute) die mit außergewöhnlichen Fähigkeiten ausgestattet sind, stehen diese oft vor der Ohnmacht, und sind deren Urahnen nicht weit entfernt. Sie scheitern einfach mit allen ihren guten Vorsätzen und Plänen. Und das ist oft, aus bekannten Gründe: Es mangelt an Selbstdisziplin, Prinzipien und die Beherrschung der Gesetze und Methoden der Manipulation. Sie und ich kennen Menschen, die ihr ganzes Leben versuchen, die anderen für sich zu gewinnen. Es klappt eben nicht. Denn diese Menschen sind an keinen von uns interessiert. Sie interessieren sich lediglich für sich selbst. Wir bräuchten nur ein beliebiges Gespräch aufzunehmen, und werden feststellen, das Wörtchen „ich» kommt am aller häufigsten vor. Es gibt eben eine einfache Regel im Umgang mit Menschen. Wenn wir diese Regel beachten, geraten wir kaum in Schwierigkeiten. Tun wir es nicht, geraten wir in unausweichlichem fortwährendem Ärger.

Über Jahrtausende, haben sich Philosophen, die Köpfe heiß geredet, nach welchen Prinzipien sich die Beziehungen von Menschen zu einander am besten harmonieren. Vom persischen Gelehrten über **Konfuzius** in China, **Laotse** im Tal des Han mit der Friedfertigkeit des Taoismus, über

Buddha am Ufer des Ganges bis **Jesus Christus** in Judaea, und den Propheten Mahomet in Arabien. Jeder formulierte es auf seine Weise. Alle wollten das gleiche zum Ausdruck bringen. „ **tut den Leuten das an, was ihr euch von ihnen erwartet** « So einfach ist es.

Es ist richtig, dass einige wenige die große Masse der Menschen beeinflussen, und zwar in der ganz eindeutigen Absicht, für sich den größtmöglichen Nutzen daraus zu ziehen. Richtig ist aber auch, dass die meisten Menschen ständig in Wartestellung darauf hoffen, dass ein Messias kommt, der ihnen sagt, was sie denken, glauben, tun und kaufen sollen. Eben einen Entscheidungsträger, der ihnen die Entscheidung abnimmt, die man selbst nicht treffen kann oder will, weil sie mühsam ist.

Nun fragt man sich, was hat es mit Prinzipien zu tun? Die Frage ist berechtigt, und die Antwort heißt, sehr viel. Prinzipien ergeben sich zum größten Teil, aus der Summe alle Eigenschaften phänotypischer, und zum kleineren Teil genotypischer Anlagen, die einem Charakter ausmachen bzw. prägen. Also, all das, was sich in unser Sozialverhalten widerspiegelt.

Prinzipien stellen sich in Richtlinien dar. Werden diese Richtlinien als Vorgaben verstanden und geachtet, so ist eine Verknüpfung zwischen Prinzipien und Disziplin unverkennbar. Das ausweichen auf unwichtige Dinge, ist für vielen von uns allen eine bequeme Entschuldigung, wichtiges auf später zu verschieben. Heute sagen wir, habe ich noch tausend andere Dinge zu erledigen. Aber Morgen mache ich es bestimmt. Vor lauter Angst, vieles zu versäumen, versäumen wir das entscheidende. Deshalb wundern wir uns, wir, die tagein tagaus eifrig unsere Pflicht erfüllen, dass es Leute gibt, die mit einer einzigen wichtigen Tat nahezu mühelos ihr Ziel erreichen. Diese Leute sind schlicht und einfach, diszipliniert. Kultur ist für sie nicht nur fernsehen, Musik hören, und lesen. Vielmehr erstreckt sich ihr Kulturverständnis von der Anatomie vielleicht auch Anthropologie bis hin zum Staubwischen. Dazwischen liegen viele andere Dinge, die wir sogar von unsere Kinder erwarten: Sie müssen sauber sein, pünktlich sein, zur Ehrlichkeit erzogen werden und vieles andere mehr. Und, wehe sie spuren nicht, dann bekommen sie die Ohrfeige, die wir von unseren Vätern gekriegt haben, wieder verpasst.

Was ist aber mit uns Erwachsene? Sollten wir uns nicht an der eigenen Nase fassen, bevor wir uns über andere hermachen?

Uns fehlt gar nichts um erfolgreich zu sein. Wir sind zivilisierte Menschen, haben ein relativ hohes Bildungsniveau, und verfügen über beachtliche Erfahrungswerte. Sie sind sicherlich, dergleichen Meinung wie ich, dass wir keine überflüssige Energie haben, die daran verschwendet wird, um täglich das Rad neu zu erfinden. Und bevor es Abend wird, trösten wir uns damit: Morgen ist ja auch ein Tag. Wir dürfen dem Zufall nichts überlassen. Wir müssen uns über unsere Vorbildfunktion bewusst werden.

Auf eine Ebene denken, auf eine andere sprechen.

Über die Macht unsere Gefühle Bescheid wissen. Denn es geht oft um die Sache selbst, nicht um uns.

Es ist gleichgültig wie gescheit, intelligent, gebildet und emanzipiert wir uns halten. Wir werden bei der Betrachtung unserer bisherigen Leben erkennen müssen: Alles was wir tun, wird letzten Endes mehr von Gefühlen als von rationellen Überlegungen bestimmt.

In diesem Sinne, hoffe ich, liebe Leserin und lieber Leser, dass sie nach der ersten Lektüre dieses Buches, das Bedürfnis danach spüren, es noch mal zu lesen.

Es wäre durchaus nicht abwegig, denn die vielfältige Thematik erfordert es geradezu.

Nachschlageverzeichnis

Adaptiv:

Anpassungsfähig

Akzeleration:

< lat. Accelerare: Entwicklungsbeschleunigung. Die Probleme der Pubertät werden ehe   verschärft, da die psychische Reife nicht konform mit den verfrühten Geschlechtsreife Schritt halten kann.

Anal:

< lat. Anus: Auf den After bezogen. Psychoanalytisch gesehen vollzieht sich die sexuelle Entwicklung des Kindes in drei Phasen.

Die erste Phase ist oral, also auf den Mund bezogen.

Die zweite Phase ist anal, sozusagen die erste soziale Anpassung und die Zeit des Sauberwerdens. Die dritte Phase ist genital, wird auch als phallische oder ödipale Phase genannt. Hier vollzieht sich die Entdeckung des eigenen Geschlechts sowie die des anderen.

Anamnese:

< griech: Die Vorstadien einer Krankheit.

Anatomie:

< griech: Die Lehre von Körperbau der Lebewesen, von Menschen Pflanzen und Tiere.

Anima:

< lat. Animal: Nach Carl Gustav Jung ist (Anima) das Inbild des weiblichen Seelenanteils beim Mann. (Animus) ist entsprechend die Verkörperung der männlichen Züge bei der Frau.

Antagonisch:
< griech: Gegensätzlich, widerstreitend, kämpferisch.

Anthropologie:
< griech: Wissenschaft von Menschen und Menschenrassen.

Appetenz:
Triebhafte Begierde.

Approbation:
< lat. Approbare: billigen. Staatliche Zulassung zur Berufsausübung für Ärzte und Apotheker.

Archetypen:
< griech: Arche: Anfang. Urform, älteste erreichbare Vorlage einer Handschrift oder Abdruckes. Nach C. G. Jung ist das Urmuster des kollektiven Unbewussten, die bildhaft vorgestellt werden. Solche Urbilder wie die Schlange, der Drache, der böse Geist usw. haben sich unabhängig in verschieden Kulturkreisen entwickelt, und sind in unsere unbewussten Vorstellungen haften geblieben.

Askese:
< griech. Askein: üben, asketes: Büßer. Streng enthaltsame Lebensweise.

Assimilation:
< lat. Assimilare: angleichen, einverleiben. Im psychologischen Sinne ist die Verschmelzung einer Vorstellung mit einer anderen.

Assoziation:
< frz. Association: Vereinigung. Eine Assoziation ist dann gegeben, wenn verschiedene Gedanken und Vorstellungen sich zeitlich und räumlich verbinden.

Attribut:

< lat. attributum: Beigabe. Ein wesentliches Merkmal, ein Kenn- oder Abzeichen der Zugehörigkeit.

Autonom:

Unabhängig, selbständig.

Autoritativ:

< frz. Autoritaire: entscheidend, auf Autorität beruhende Handlung.

Averroes:

Arabischer Philosoph, 1126 – 1198 in Cordoba (Spanien) er interpretierte die Metaphysik Aristoteles im Lichte der Koran. Er hat die christliche und jüdische Meinung im Mittelalter beeinflusst. Er war auch Jurist und Mediziner.

Aversion:

< lat. Aversio: Abwendend. Abneigung, Widerwille.

Axialbehaarung:

< lat. Axilla: Achselhöhle. Behaarung unter der Achselhöhle.

Barock:

Schwungvoller Kunststil vom Anfang des 17. Bis Mitte des 18. Jahrhundert.

Behaviorismus:

Verhaltenslehre, vom engl, Behavior: Benehmen. Der Behaviorismus lag schon im   pragmatischen Gedankengut des amerikanischen Philosophen William James.

Der Psychologe J. B. Watson hat die Weiterentwicklung übernommen. Die eigentlichen Vorreiter auf diesem Gebiet, sind die russischen Verhaltensforscher, Ivan Pawlow und Wladimir Bechterew.

Betriebspsychologie:

Sie versteht sich als Arbeitspsychologie, und beschäftigt sich mit den Umwelteinflüssen der Arbeitsstätte und deren Einwirkungen auf das Befinden des Menschen. Sie ist sozial-psychologisch tätig. Psychologische Schulung der Führungskräfte, Mitarbeitermotivation und psychotechnische Einstellungstests gehören u. a. zu ihren Aufgaben.

Biosozial:

Bio < griech. Bios: Leben, sozial -< frz. Social: dazu gehörend. Das Gefühl und die Fähigkeit des Zusammenlebens.

Bonifatius:

Päpstlicher Name.

Bonifatius I	418-422
Bonifatius II	530-532
Bonifatius III	607
Bonifatius IV	608-615
Bonifatius v	619-625
Bonifatius VI	896
Bonifatius VII	974 u. 984-985
Bonifatius VIII	1294-1303
Bonifatius IV	1389-1404

Cerebrotonisch:

Auf dem Hirn bezogen.

Curriculum-Vitae:

< Latein, Lebenslauf.

Demagogie:

< griech. Volksführung. Durch seelische Umstimmung und Umlenkung auf Bedrohungen durch Feinde, Ängste und Gefahren, haben frühere Demagogen die Masse des Volkes verführt.

Desensibilisierung:

Die Herabsetzung einer Überempfindlichkeit.

Desensitiv:

Unempfindlich

Determination:

< lat. Determinatio: Begrenzung. Begriffsbestimmung. Nach dem Gesetz von Ursache und Wirkung bestimmt.

Diffus:

< lat. diffusus: Zerstreut, nicht klar abgegrenzt.

Disharmonie:

Unstimmigkeit, unharmonischer Klang.

Dogmatisch:

Starr und unkritisch an einem Dogma festhaltend. -> Dogma: Meinung. Festgelegte Meinung, die nicht angezweifelt wird, auch wenn sie nicht bewiesen ist.

Doktrin:

< lat. Doctrina: Wissenschaft. Lehre (fig.) starre Meinung.

Ehrenkodex:

Ehrenrichtlinie, Anstand

Ejakulation:

< lat. Eiaculare: herauswerfen. Samenerguss.

Elastizität:

< frz. élasticité: Dehnbarkeit, Biegsamkeit.

Emotional:

< frz. émotivité: Erregbarkeit. Gefühlsmäßig, Neigung zur gefühlsmäßigen Erregung.

Emphatisch:

< griech. Emphatikos: Nachdrücklich, leidenschaftlich.

Empire:
Das ehemalige französische Kaiserreich Napoleons. Empirestil ist ein Kunst- und Lebensstil dieser Zeit.

Empirisch:
Aus der Erfahrung gewonnene Werte. Auf der Erfahrung beruhend.

Epigenetisch:
< griech. Genesis: Schöpfungsgeschichte, entstehungsgeschtlich.

Eros:
Griechischer Gott der Liebe.

Eruierung:
< lat. Eruere. Ergründen, erforschen, ermitteln.

Es:
Der tiefste Bereich der Seele im psychoanalytischen Sinne. Das Es ist das
unbewusste Teil der Psyche.

Ethos:
< griech. Gewohnheit, Sitte.

Evolution:
< lat. Evolutio: Entwicklung.

Exhibition:
< lat. exhibitio: Darbietung.
Krankhafte Neigung zum öffentlichen Entblößen der Geschlechtsteile.

Existential:
< lat. existere: ins Leben treten. Eine Richtung der modernen Philosophie, in die der Mensch im Hinblick auf seine Existenz betrachtet.

Exkommuniziert:

< lat. Excommunicatio: Ausschluss aus der Kirchengemeinschaft.

Expansiv:

< frz. Expansif: ausdehnend.

Extravertiert:

Nach außen gewendet. Im Gegensatz zum Introvertierten, der nach innen lebt und sich gegen die Außenwelt teilweise verschließt, kann sich der extravertierte Mensch leicht anpassen, schnell umstellen und neue Kontakte zu anderen knüpfen.

Exzesse:

< lat. Excedere: herausgeben. Excessus: Herausgeben, Überschreiten

Falsifizieren:

< Lat. falsificare: als falsch erkennen. Eigentlich ist damit fälschen gemeint.

Fehlervarianz:

Statistischer Begriff, definiert die Spannweite der Fehlerstreuung.

Fragment:

Ein Bruchstück.

Freudianer:

Anhänger der Psychoanalyse von Siegmund Freud

Frigidität:

Die Geschlechtskälte der Frau. Das Versagen der Potenz bei dem Mann macht ihn sexuell unfähig. Eine frigide Frau kann ihren Beitrag zur Erfüllung der Fortpflanzung wahrnehmen, nimmt aber an der Erregung und Genuss nicht Teil. In früheren Zeiten war so was sogar erwünscht. Denn die anständige Frau wurde schon im frühen Alter zur Sexualverdrängung und damit zur Frigidität förmlich erzogen. Damit sie ja nicht das sexuelle Verlangen spürt, denn das sichert die eheliche Treue, nahm man zumindest an. So sah man in der Geschlechtskälte der Frau sehr lange Zeit kein Problem. Erst vor gar nicht solange Zeit, als sich Fachärzte überzeugt hatten, dass verdrängte Sexualität in seelischen Krankheiten, wie Neurose und Hysterie ihr Ausdruck findet, wurde die Frigidität - wie die Impotenz des Mannes – beide nicht körperlich begründet, als Krankheit betrachtet.

Gaussisch:
Friedrich Gauß 1777-1855 bedeutendster deutscher Mathematiker des neunzehnten Jahrhunderts.

Genotypisch:
Auf die Gene bezogen. Durch die Erbanlagen bedingte Beschaffenheit eines Lebewesens. Das Gegenteil von phänotypisch.

Genuin:
Angeboren, natürlich.

Gotik:
Baukunst des Frühmittelalters, in dem sich das Christentum und germanische Überlieferung zur Idee eines sakralen deutschen Kaiserreiches verbunden haben.

Graphologie:
Die Lehre aus der Handschrift den Charakter zu deuten.

Grotesk:
Wunderlich, komisch, lächerlich.

Hermetisch:

Luft- und wasserdicht. Nach dem ägyptischen Weisen Hermes Trismegistos, der die Kunst erfunden haben soll, eine Glasröhre mit einem geheimnisvollen Siegel luftdicht zu verschließen.

Hypnose:

Ist eine Art künstlicher Schlaf durch Suggestion hervorgerufen. Freud bediente sich der Hypnose als Mittel der Psychotherapie, um eine freie Assoziation des Patienten zu erreichen. Es sollte der Bewusstseinserweiterung dienen. Ursprünglich war der französische Neurologe Jean-Martin Charcot, der die Hypnose bei Hysterie erkrankten Personen, wirksam einsetzte. Sie ist bis heute nicht physiologisch begründet.

Hypothese:

griech. Hypothesis: Unterstellung
Eine unbewiesene Annahme als Hilfsmittel wissenschaftliche Erkenntnisse.

Ich:

Die zweite Instanz der Psyche. Sie ist bewusstseinsfähig, sie kennt die Bedürfnisse des Es und die Anforderungen des Über-Ichs. Sie muss entscheiden können, wann und wie weit Triebwünsche verwirklicht werden, und welche Gebote Vorrang haben. Ein sicheres Terrain für Konflikte durch Verdrängungen.

Imperativ:

bindend

Implikation:

Verwicklung. Beziehung zwischen zwei Sachverhalte

Inkongruenz:

Ohne jegliche Deckungsgleichheit.

Innervation:

Organversorgung mit nervösem Reize

Interaktion:

Handlung zwischen zwei oder mehrere Beteiligten.

Inzestuös:

< lat. incestus: Unzucht, Blutschande

Introversion:

Die Wendung nach innen. Jemand der introvertiert ist, hält Denken und Fühlen für wichtiger als Handeln. Er hat es schwer Kontakte zu knüpfen, erlebt jedoch Beziehungen viel intensiver.

Irrational:

Mit dem Verstand nicht erfassbar.

< lat. Irrationalis : unvernünftig

Kastration:

Entfernung der Keimdrüsen durch operativen Eingriff.

< castratio: Entmannung

Katharsis:

Seelische Reinigung. Schon Aristoteles sah die Läuterung des Zuschauers durch die Tragödie, indem sie in ihm Furcht und Mitleid erweckt. Unterdrückte Gefühle werden aufgerufen, und können bewusst ausgelebt. So entsteht eine seelische Befreiung.

Kausal:

< lat. Causalis: ursächlich

Klientenzentriert:

Auf dem Klienten bezogen, er ist im Mittelpunkt.

Kognitiv:

< lat. Cognitus = bekannt. Psychol. Die Wahrnehmung der Umwelt in intelligenter Weise.

Konfiguration:

< lat. Configuratio: Gestaltung

Konstitution:

< lat. Constitutio: Anordnung, Verfassung.
Die gesamte psychosomatische Beschaffenheit eines Menschen.

Konventionell:

herkömmlich

Konversion:

Umkehrung, Bekehrung

Labilität:

Nicht widerstandsfähig, leicht erregbar.
< lat. Labilis: leicht gleitend

Libido:

< lat. Lust, Begierde.

Loyalität:

Ehrenhaftigkeit, Rechtschaffenheit, Treue.

Manipulation:

Steuerung fremden Verhaltens.
< lat. Manipulatio: Handgriff, Verfahren.

Menarche:

die erste Blutung eines Mädchens, das Zeichen für Geschlechtsreife

Menstruation:

die monatliche Gebärmutterblutung

Metapsychologie:

Die umfassende Betrachtung der psychischen Kräfte auf allen Ebenen gleichzeitig. Das Unbewusste (Es) Vorbewusste (Ich) und Bewusste (Über-Ich) werden untersucht, um festzustellen wo sich der entscheidende Vorgang vollzieht, der ein bestimmtes Ziel verfolgt.

Methodologie:
Methodenlehre

Molekular:
Zu den Molekülen gehörend. Ein Molekül ist das kleinste Teil einer chemischen Verbindung aus zwei oder mehreren Atomen.

Motivationstheorie:
die Theorie der Beweggründe

Mythologie:
Die Ganzheit von Mythen eines Volkes.
< griech. Mythos: Sage

Narzisstisch:
ein krankhaftes Verhalten durch Selbstliebe

Neo-Freudianer:
Neue Befürworter der Freudschen Theorie..

Neurophysiologie:
Lehre von den Zusammenhängen der Lebensvorgänge und die Funktion der Nerven.

Neurotiker:
Jemand der an einer Neurose leidet.

Ödipus:
Der griechischen Sage nach, hatte König Laios von Theben einen Sohn bekommen. Dem wurde prophezeit, er werde eines Tages von seinem Sohn getötet werden. Kurzentschlossen ließ der König sein Kind mit durchbohrten Füßen aussetzen.
Das verletzte Kind wurde von einem Hirten gefunden, der ihn nach seiner Verletzung nannte, Schwell-

fuß: Ödipus. Ein fremdes Königspaar zog das Kind als eigenen Sohn auf. Der heranwachsende Jüngling zweifelte an seine Herkunft, was ihn zum Orakel von Delphi führte, das ihn weissagte: „ Du wirst deinen Vater umbringen und deine Mutter heiraten „ Ödipus bezog das auf seine Adoptiveltern und versuchte, die vorausgesagte Katastrophe zu entfliehen. Auf der Flucht erschlug er im Streit einen alten Mann, ohne zu wissen, dass er seinen leiblichen Vater getötet hatte. Ödipus suchte die Sphinx auf, ein Ungeheuer das jeden tötete, der seine Rätsel nicht lösen konnte. Die Sphinx fragte: „ welches Tier geht morgens auf vier Beine, mittags auf zwei, und abends auf dreien? „ Ödipus wusste die Antwort: Der Mensch krabbelt auf vieren als Kind, läuft auf zwei Beine als Erwachsener und im Alter braucht er einen Gehstock. Die Sphinx stürzte sich zu Tode. Der Herrschende König Kreon war der Bruder der verwitweten Königin Jokaste, und er hatte ihre Hand als Preis für denjenigen der die Sphinx besiegen würde. Ödipus heiratete Jokaste ohne zu ahnen, dass sie seine Mutter war. Später mußte er erkennen, daß er unverzeihliches begangen hatte. Jokaste erhängte sich. Ödipus stach sich die Augen aus und ging mit seiner Tochter Antigone in die Verbannung.

(Aus der griech. Sage des Dramatikers Euripides)

Oral:

Durch den Mund erkennbar, auf den Mund bezogen. Die erste menschliche Lusterfahrung ist oral, an der Mutterbrust ernährt sich der Säugling, und erlebt Genuss und Geborgenheit.

Orthodox:

Strenggläubig, meist ist die Ostkirche damit gemeint.

Paradox:

widersinnig

Partial:

Anteilige Sexualtriebe, die in der frühkindlichen Sexualentwicklung successive realisiert werden.

Patriarchat:

Vaterherrschaft

Paulus:

Apostel, Glaubensverkünder, der Prototyp aller Heidenmissionare

Perzeption:

Sinnliche Wahrnehmung

Phänomenologie:

Lehre von den vorgestellten oder gedachten Erscheinungen.

< griech. phainomenon: Erscheinendes

Phallus:

< griech. phallos: männliches Glied

Phallisch ist die dritte und letzte Phase der frühkindlichen Sexualentwicklung. Dessen Mittelpunkt ist der Penis und sein weibliches Gegenstück die Klitoris.

Phänotypisch:

Bildhafte Erscheinung eines Lebewesens.

Polarität:

Das Verhältnis von Gegensätze zu einander.

Pollution:

< lat. pollutio: Befleckung.

Unwillkürlicher Samenerguss.

Polyphonie:
Mehrstimmigkeit.

Postulierung:
Forderung

Potential:
Leistungsfähigkeit.

Pragmatisch:
Sachlich den Tatsachen und Erfahrungen des praktischen Lebens, entsprechend handeln.

Prestige:
Besondere Geltung, besonderes Ansehen.

Projizieren:
ein Vorgang nach außen wiedergeben, verlagern.

Pseudobedürfnis:
Falsch erzeugter Bedürfnis.

Pseudosozial:
Sozial vorgetäuschte Haltung

Psyche:
< griech. Atem, Hauch.

Psychoanalyse:
Siegmund Freud begründete die Psychoanalyse als Verfahren zur Untersuchung und Aufdeckung der verborgenen seelischen Vorgänge, die bis Dato, nicht zugänglich waren.

Psychodiagnostik:
Psychologische Verfahren zur Erkennung und Beurteilung evtl. Eignung eines Probanden aufgrund seiner Anlagen, Fähigkeiten, Sozialverhalten.

Psychopathologie:
Lehre von kranken Seelenleben.

Psychophysiologisch:
Die Wechselwirkungen physischen Reizen und die dazu parallele Empfindungen.

Psychosomatisch:
Sowohl seelisch wie körperlich

Psychotechnik:
Mit Hilfe psychologischer Erkenntnisse des praktischen Lebens, agierende Technik, werden Menschen für bestimmte Dienste beeinflusst.

Psychotherapie:
Eine Behandlungsmethode zur Aufdeckung und Heilung seelischer Störungen.

Reflexion:
Die unwillkürliche Rückstrahlung von Gedanken, Gefühlen und Handlungen.

Regression:
In der Psychoanalyse ist es der Rückfall in den frühen Entwicklungsphasen der Kindheit.
< lat. regressio: Rückgang

Renaissance:
Wiedergeburt. Im Text ist die Wiederentdeckung des antiken Lebensstils ab dem vierzehnten Jahrhundert.

Respektive:
beziehungsweise

Ressourcen:
Einnahmequellen von Informationen, Geld und sonstige Hilfsmitteln.

Reversibilität:
Umkehrbarkeit

Reziprozität:
Wechselseitigkeit

Ritus:
Kultische Handlung, auch religiöser Brauch.

Rokoko:
Aus Österreich entstammender Lebensstil im achtzehnten Jahrhundert.

Romanik:
Etwa um das zehnte bis Mitte des dreizehnten Jahrhunderts herrschender Lebens- und Baustil in Europa.

Segment:
Teilstück, Zeitabschnitt

Selbstexploration:
Selbsterforschung

Senilität:
< lat. Senilis: greisenhaft, Altersschwäche

Sensivität:
Übermäßige Sensibilität.

Sensomotorik:
Die harmonische Übereinstimmung der Sinnesorgane mit den Körperbewegungs-Apparate.

Sittenkodex:
Verhaltensregeln und Gesetze die innerhalb einer Gesellschaft oder Volksgemeinschaft richtungweisend sind.

Somatotonie:
Die lehre von den Eigenschaften des menschlichen Körpers.

Subjektiv:
Persönlich, unsachlich.

Subkultur:
Eine Gemeinschaft mit ihrer eigenen Ausdrucksformen, Wertvorstellungen, Sitten und Gebräuche, die sich deutlich von der Gesellschaft unterscheidet.

Sublimieren:
Die Kunst bestimmte Triebkräfte der Sexualität oder der Aggression, so zu verfeinern, dass sie auf die Moral nicht anstößig wirken.

Symptom:
Ein deutendes Kennzeichen oder Merkmal.

Terminologie:
Die vollständige Sammlung von Fachausdrücke und Begriffsbestimmungen eines Fachgebietes.

Thanatos:
< griech. = der Tod. Psychoanalytisch nach der freudianischen Theorie: die summe der Todestriebe. Auch Todesgott genannt.

Toleranz:
Duldsamkeit, zulässige Abweichung.
Im Text ist es vielmehr die Bereitschaft,
andere Anschauungen und Verhaltensweisen zu dulden.

Tribut:
- Beitrag.
- bei dem Römer war das eine direkte Steuer.
- im Islam ist es eine öffentliche Abgabe.

Typendoktrin:
die Wissenschaft – oft eine starre Meinung – die sich mit den komplexen Möglichkeiten mannigfaltiger Kriterien, die einen Typus ausmachen, befasst.

Typologie:

Ein System der Klassifizierung und Zuordnung menschlicher Charaktere.

Über-Ich:

Die dritte Instanz des psychischen Geschehens. Sie vertritt die Gebote, die Verbote und die Moral in der gegenwärtigen Gesellschaft.

Urdualismus:

Ursprüngliche Lehre, die zwei Grundprinzipien des Daseins annimmt. Der Widerstreit von zwei einander entgegengesetzten Kräften.

Urethral:

Durch die Harnröhre fließend

<griech. ourethra: Harnröhre

Verifizieren:

Die Wahrheit nachweisen

< lat. Verus: wahr

Vikariell:

< lat. Vicarius: stellvertretend

ein Vikar ist ein Gehilfe des Pfarrers

Xénophon:

Griech. Philosoph und politischer Führer 430 – 355 v. Ch. Er war ein Schüler Socrates.